Ernst Pfudel

Musikhandschriften auf öffentlichen Bibliotheken

1. Band

Ernst Pfudel

Musikhandschriften auf öffentlichen Bibliotheken
1. Band

ISBN/EAN: 9783744681568

Hergestellt in Europa, USA, Kanada, Australien, Japan

Cover: Foto ©Thomas Meinert / pixelio.de

Weitere Bücher finden Sie auf **www.hansebooks.com**

Musik-Handschriften

auf

öffentlichen Bibliotheken.

Verzeichnet von Verschiedenen.

Herausgegeben

von

Robert Eitner.

Beilage zu den Monatsheften für Musikgeschichte.

1. Band.

Leipzig 1886,
Breitkopf & Haertel.

Die
Musik-Handschriften
der
Königl. Ritter-Akademie zu Liegnitz.

Verzeichnet

von

Dr. Ernst Pfudel,
Professor.

Die Schulprogramme der Jahre 1876 bis 1878 obiger Anstalt brachten den Katalog der gedruckten Musikwerke nebst kurzen Nachweisen über die vorhandenen Handschriften. Die auf Seite 115 in Aussicht gestellte ausführliche Beschreibung der Mss. und deren Veröffentlichung durch den Unterzeichneten wurde durch die verfehlte Hoffnung, einen Verleger für das beabsichtigte Werk zu erlangen, bis heute verzögert. Indem ich hiermit einen Anfang mit der Veröffentlichung der aufgespeicherten Schätze mache, habe ich das Vertrauen, dass sich während des Druckes noch andere fleifsige Hände finden werden, durch Beiträge das Verzeichnis zu immer gröfserer Vollständigkeit zu bringen.

Das mir vorliegende Material an verzeichneten Musik-Hds. umfasst folgende Bibliotheken, mit Angabe des Jahres in dem die Beschreibung erfolgt ist:

Aachen, Archiv des Aachener Stiftes, verz. von H. Boeckeler. 1878.

Berlin, 1) Kgl. Bibl., Hds. des 15.—17. Jahrh., verz. 1877/8. — 2) Hds. auf dem Kgl. Institut für Kirchenmusik, verz. 1879.

Breslau, Bibl. des Kgl. akadem. Instituts für Kirchenmusik, verz. von Prof. Dr. Jul. Schäffer, 1879 (unvollendet).

Brieg (in Schlesien), Bibl. des Kgl. Gymnasiums, verz. 1879.

Danzig, Stadtbibliothek, verz. 1879.

Dresden, 1) Kgl. öffentliche Bibliothek, verz. 1880. — 2) Kgl. Musikaliensammlung, Hds. des 16. und 17. Jahrh. (unvollendet).
Freiberg i./S., Gymnasial-Bibliothek, verz. 1880.
Grimma, Kgl. Bibl. der Landesschule, verz. 1877.
Lüneburg, Stadtbibliothek, verz. 1878.
Nürnberg, Bibl. des germanischen Museums, verz. 1878.
Pirna, Bibliothek der Stadtkirche, verz. 1879.
Trier, Stadtbibliothek, verz. 1878 von Dr. P. Bohn.
Wien, Ksl. Kgl. Hofbibliothek, Hds. des 15.—17. Jahrh. (1877, unvollendet).
Zittau, Stadtbibliothek, verz. 1879.
Zwickau, Rathsschul-Bibliothek, verz. 1874.

Rob. Eitner.

Simon Besler.

1. No. 74.*) Triga Piccardiana Evan- | gelica. | Drey Evangelischer Piccarder | Gesänge. | Bez. d. Stb. | 1. Von Vergengliegkeit dieses Zeitlichen | Elenben, mühseeliegen fremden lebens. | 2. Der 130 Bußpsalm des Königlichen | Propheten Davibs. | 3. Vom Creutz vnd Verfolgung der | Christlichen Kirchen.

 4 Stb. in 4⁰ à 7 Bl. Nur im T. auf der Rückseite des Titelblattes folgende Ded.: Ad laudem altissimi | et | honorem | illustrissimi principis ac | domini, domini Georgii | Rudolphi ducis Li- | gio-Bregensis | Sil. etc | Domini sui clementissimi | 4 Vocibus Composita | et | humilimè oblata | à | *Simone Beſlero* Cantore ad S. | Johannem Lig.:

  1. Frewd vnd wollust dieser welt. (10 Strophen.)
  2. Aus dem abgrund, der Hellen schlund. Ps. 130. (7 Str.)
  3. Als Christus mit seiner lehr. (12 Str.) In Festivitatibus Apoſtolorum.

2. No. 106. 4 Stb. in 4⁰, ohne Titel und Index. Sehr sorgfältig geschrieben und offenbar das Exemplar, das dem Druck zu Grunde gelegt werden sollte. Als Verfasser ergiebt sich aus dem folgenden Werke *Simon Besler*. Fast vor jeder No. stehen lateinische Distichen verwandten Inhalts mit deutscher Übersetzung oder lateinische Bibelsprüche. Am Schlusse 5 lateinische Distichen „De Dulcedine Nominis Jesu", darunter 4 deutsche Verse über denselben Gegenstand.

     Zu 4 Stimmen:

1. Allein Gott in der Höh sey Ehr.	9. Zu Bethlehem ein kindelein
2. Ich armer Mensch bin gar nicht wort.	10. Saufe mein liebes kindelein
3. Das Gott aus nichts erschaffen hat	11. Vns ist ein kindlein heut geborn
4. Das Jesulein nun ist geborn.	12. Wier Christenleut habn itzund freud
5. O Jesu Christ gütigster Herr	13. { In Natali Domini / Da Christus gebohren war
6. Das Wort die Göttliche Weisheit	
7. O Jesu Gottes Söhnelein	14. Heut geborn ist vns ein kindlein klein.
8. Nu last vns alle frölich sein.	15. Für frewden last vns springen.

*) No. 74 ist die Bibliotheks-Nummer.

16. Gottes Sohn ist Mensch geborn
17. Von einer Jungfraw auserkohrn
18. Nun ist Zeit zu singen hell
19. Lobet heut Marien Söhnelein
20. { Parvulus nobis nascitur
     { Vns ist geborn ein kindelein
21. Ein Kind ist vns gebohren heut
22. Fit porta Christi pervia
23. { Fulgete coeli sydera
     { Leucht hell himmels Firmament
24. Vns ist geborn ein kindelein
25. Jesus ist gar ein süser Nahme
26. Jesulein liebstes Brüderlein
27. O du liebes Neugebornes kindelein
28. Last vns frölich vnd einträchtig singen.
29. Jesu kindelein klein.
30. { Psallite Unigenito Christo Dei filio
     { Singt v. klingt J. Gottes Kind
31. Virga Jesse floruit
32. O du mein liebes Jesulein
33. Laetamini in Domino
34. { Puer natus in Bethlehem.
     { Ein Kind geborn zu Bethlehem
35. Freut euch ihr lieben Christen
36. Puer natus in Bethlehem
37. Wolauf, wolauf zu dieser frist.
38. Des Newgeborne kindelein
39. { Annus recessit jam vetus
     { Das alte Jahr vergangen ist
40. Jesu nu sey gepreyset.

Hieran schließt sich ein anderes offenbar auch für den Druck bestimmtes Manuscript in 1 Bde. 4° mit folgendem Titel:

Virgine prognatus Puer est; abit Orbe reatus | Geboren ist der Herre Christ; | Nu alles leib von hinnen ist. | Handbüchlein | Gott=seeliger Weyhnacht lieber, alt vnd new. | Auf die frembs= vnd Gnadenreiche Geburt, | vnsers Herrn vnd Heylandes Jesu Christi. | Dem Newgebornen Jesulein zu lob, | preyß vnd Ehr: | Der auff=wachsenden Jugend; So wol allen fromen | Christlichen herzen, zu Vormehrung inbrünstiger | Andacht, vnd herzlicher Weyhnacht frewde zu= | sammen getragen, vierstimmig gesetzet. | An izo aber, ohne die Nothen, auf diese art zum | Druck beförbert, vnd zu einem Glück=seeligen | Newen Jahre aus trewer affection offe- | riret vnd vor=ehret. | Von | Simone Beßero | Illustr: Prin: Ligio-Bregen: Geor: Rudol: | à Cantionibus.

Auf der Rückseite des Titelbl. 5. lat. Dist. von Caspar Cunradus Phil. et Med. D. „In Dn. Simonis Besleri Ill. etc. Georgii Rudolphi Musici Adfinis honorandi Cantica Natalitia." Auf dem Papier-umschlage steht „Natalitia 1627". Anordnung der Gesänge wie in dem vorigen Werke. Am Schlusse Index von 36 No., 1—21, 23—28, 30 u. 36 dieselben wie oben (nur z. Teil in anderer Reihenfolge). Nur hier:

22. Es ist ein kindlein vns geborn
29. { Ovem pastores laudavere
     { Nunc Angelorum gloria
     { Es ist der Engel Herrliegkeit
31. { Omnis mundus jucundetur
     { Alle weldt frewe sich
32. Das alte Jahr hat nu ein End
33. Helft mir Gottes gütte preysen
34. { Hört ihr liebsten kindelein
     { Kurz gebetlein zu dem lieben Jesu-
       lein
35. Das alte Jahr ist nu vergan.

Messe.

3. No. 96. 8 Stb. in Fol. von derselben Hand geschrieben. Angebunden an Orlandi di Lafso „Lagrime di S. Pietro nel 1595". (Auf dem Deckel die Jahreszahl 1598). Anonymus:

Missa 7 voc. Canto I: 𝄞 𝄴 f a . a a a h c, e h c d d c d etc.

Messen und Motetten.

4. No. 11. 6 Hefte in Fol., C. I. à 25, C. II. à 19, A. à 27, T. I. à 27, T. II. à 13, B. à 24 wirklich beschriebenen Seiten. Verschiedene Hände. Auf dem Titelbl. ist der Inhalt fast vollständig angegeben:

1. MISSA à 6 Super DOMINE! Qvis habitabit in tabernaculo tuo Christian Erbachs. Autor *SEBASTIAN ERTELIUS*.
2. Missa à 6 Super Verbum caro factum est *Hasleri*.
3. Kyrie à 4. In Festo Michaelis. *P. H.**) (In der Notenschrift darunter die Bemerkung: „loco et in terra canitur: Allein Gott in der höh sey Ehr à 4 *Gesii*".)
4. Missa 6 Vocum. Super Jerusalem gaude Handeli. *P. H.*
5. Missa 6 Vocum. In Festo Nativitatis et Circumcisionis Domini. *P. H.*
6. Missa 5 Vocum. Super Sydus ex claro *Orlandi*.
7. Missa 5 Vocum. In Festo Resurrectionis Afcensionis & Pentecostes.

Nicht auf dem Titel verzeichnet sind die nun folgenden 5 Nrn.:

8. In Festo Resurrectionis, Ascens. Pentecostes (mit deutschem Texte).
9. Jerusalem gaude à 6. (Mit deutschem Text.)
10. Missa 5 Vocum.
11. Missa 4 Vocum.
12. Chorus 8 Vocum. In Echo: „Allein Gott in der höh sey ehr".

Motetten.

5. No. 46. 7 Stb. (V. vox fehlt) in 4°. à 3 Seiten Musik.

1. *Handelius:* Laetamini cum Jerusalem, 8 voc.
2. „ Hodie nobis coelorum rex de virgine, 8 voc.
3. *Clavius:* Hodie natus est salvator mundi, 8 voc.

(Dieselben Gesänge auch in No. 18.)

6. No. 3. Am Schluss eines Sammelbandes, in dem das jüngste Werk dem Jahre 1596 angehört. Von 2 verschiedenen Händen. Nur 2 Stb. vorh., D. à 18, B. à 17 Bll.

---

*) P. H. wahrscheinlich *Paul Hallmann*. Vergl. Jo. Henr. Cunradi Silesia togata pag. 104: Paulus Hallmannus a Strachwiz, Illuftriff. Pr. Lignicenf. Confiliarius.

Mufica, Mufa, Themis formarant corpus ad unguem;
Illa manus, caput haec, pectus at Ifta meum.

(N. Fridlandiae in Ducat. Suidnicenf. 11. Auguft. An. 1600. *Ø*. Wratial. catarrho suffocativo. 11. Januar. An. 1650. aetat. 50. curr.) Seine Grabschrift findet man bei Wahrendorff, Lignitz. Merkwürdigkeiten p. 161.

1. *Erasmus de Sayue:* Proh quae tenero nis in amore est. 6 Part. 4 Voc.
2. *Incertus autor:* Hic panis ille est coolitus nobis datus. 3 Partes.
3. *Erasmus de Sayue:* Bellicosorum noua lux virorum gloriae lumen patriae refudit. 2 Partes. 4 Vocum.
4.   ,,   Heu quam tristi funere Virgo mutata iaces. 2 Partes.
5.   ,,   O Maria advocata nostra. Ad aequales.
6.   ,,   O ut iniquo Mors iure tuo omnia misces. 2 Partes.
7. *Incertius autor:* Da pacem domine.
8. *Erasmus de Sayue:* O ut iniquo Mors iure tuo omnia misces. 4 Partes. Transmutatio praecedentis.
9.   ,,   Jesu dulcis memoria. 2 Partes.
10.   ,,   Jesu rex admirabilis. 2 Partes.
11. *Incertus autor:* Jesum quaeram in lectulo.
12.   ,,   Vidi speciosam sicut columbam ascendentem.
13.   ,,   Adiuro vos filiae Jerusalem. 2 Partes.
14.   ,,   Salue Christi sacer uultus. 6 Partes. (No. 14—18 von einer anderen Hand.)
15.   ,,   Quomodo ceciderunt fortes in proelio.
16.   ,,   Amator ardentissime Redemptor benignissime. 10 Part.
17.   ,,   Vere languores nostros ipse tulit. 2 Partes.
18.   ,,   Turba multa quae conuenerant. 7 Partes.

7. No. 111. 6 Stb. in 4^0, von derselben Hand sorgfältig geschrieben. Auf dem äuſseren Deckel des Disc., Alt. und Bassus stehen die Worte: „Mariale. collectum à Georgio Wolffio ab Huldschönau Mpr." Die Initialen sind zum Teil rot und blau gemalt. Nur im Bass am Anfange ein Index von 57 Nrn. Bei vielen ist meist im Bass hinter den einzelnen Kompositionen das Datum der Eintragung beigefügt.

1. *Petri Siculi:* Salue regina à 5.
2. *Jacobi Vaet:* Domine Hyssopo à 5.
3. Salue regina à 5. 1578 die 16. Martij.
4. *Alardus Gaucquier:* Aue Maria à 5.
5. *Jacobi Regnart:* Aue Maria à 6.
6. *Christoph. Clavius:* Regina coeli à 6.
7. Salue regina à 4.
8. Regina coeli à 4.
9. Regina coeli à 4.
10. Alma redemtoris mater à 4.
11. *Orlandi [Lassus]:* Aue Maria à 6.
12—15. *Inc. aut.*: Aue Maria, 6 voc.
16. *Thom. Lud. à Victoria:* Aue Maria à 6.
17. *Joan. Petraloys. Prenestinus:* Salue Regina à 5.
18. *Thom. Lud. à Victoria:* Salue Regina à 5.
19.   ,,   Regina coeli à 5.
20. *Joan. Nucis:* Salue regina à 6. (Anno 1588 die 6. Maij im D. Anno 1587 Cal. Novemb.)

21. *Joan. Nucis:* Regina coeli à 6. (Im Alt die 6. Maij Anno 88 in aedibus Georg. Wolffij faciebat Joan. Nucis.)
22. *Joan. de Castro:* Regina coeli à 5. (Anno 88. 22. Octobr.)
23. Salue regina à 6. (Anno 90.)
24. Aue Maria à 6.
25. Regina coeli à 5.
26. *Simon Gattus Venet.* Archiducis Caroli Graetiae Mgri. Capellae: Salue regina à 6.
27. O florens rosa à 4.
28. Aue regina coelorum à 4.
29. In lectulo meo à 4.
30. In lectulo meo à 5.
31. Ofculetur me ofculo à 5. (Die 22. Augusti Anno 1594.)
32. *Joan. Baptifta Mosto:* Regina coeli à 5. (13. Maij Anno 95.)
33. *Alexius Neander Saxo:* Salue regina à 6. (Anno 95. 29. Maij.)
34. Salue regina à 4. (27. Jan. Anno 97.)
35. Salue regina à 5.
36. Regina coeli à 5.
37. *Jacobus Regnart:* Salue regina à 5.
38. „ Aue Maria à 5.
39. „ Regina coeli à 4.
40. *Franc. Bianchiardo:* Regina coeli à 6. (11. Junij 1600.)
41. *Tiburtius Mafsaino:* Aue Maria à 6.
42. *Christoph. Clavius:* Salue Regina à 5. (24. Aprilis Anno 1601.
43. *Matthaeus Afula:* Salue Regina à 6.
44. *Jacob Reiner:* Salue Regina à 5. (11. Septembr. 1601.)
45. *Jacob Regnart:* Salue Regina à 4.
46. „ Aue Maria à 4.
47. Aue Maria à 4. (24. Aug. 1603.)
48. *Melch. Schram:* Aue Maria à 6. (19. Aug. Anno 3.)
49. *Christ. Clavius:* Regina coeli à 6. (6. Maij Anno 4.)
50. Regina coeli à 5. (6. Maij Anno 4.)
51. *Philip. de Monte:* Regina coeli à 5. (6. Maij Anno 4.)
52. *Jacob Reiner:* Salue Regina à 6. (7. Maij Anno 4.)
53. „ Ave Maria à 6. (7. Maij Anno 4.)
54. *Hannibal Stabilis:* Ave Maria à 5. (7. Maij Anno 4.)
55. „ Salue Regina à 5. (10. Maij Anno 4.)
56. *Jacob Reiner:* Salue Regina à 6. (Die 8. Ursulae Anno 4.)
57. „ Regina coeli à 6. (Die 8. Ursulae Anno 4.)

Magnificat.

8. No. 61. 6 Stb. in Fol. à 2 Seiten, darin ein *Magnificat quinti Toni* à 6 ohne Namen des Verfassers.

9. No. 44. Am Schluss der Psalmodie des Lucas Lossius v. J. 1595, in 4^0, neun Magnificat 1.—8. Toni (2 des 7. Toni).

Kirchenlieder.

10. No. 43. Angebunden an die Psalmodia von Lucas Lossius vom Jahre 1569, in 4°, mehrere einstimmige Gesänge in Mensuralnoten:
1. Recordare Jefu Chrifte dum fteteris in confpectu Patris.
2. O Domine Jefu Chrifte, qui pro redemptione mundi.
3. Chriftum captum et irrifum.

11. No. 76. 4 Stb. in Fol. von verschiedenen Händen. Ohne Index. Enthält Psalmen und andere bibl. Texte, an Zahl 53. Die Komposition ist durchweg sehr einfach und im gewöhnlichen Choralstil gehalten. Ein Komponist ist nirgends genannt.
1. Ich lieb den herren vndt ihm drumb danckaag, Ps. 116.
2. Kombt last vnfs alle frölich sein, Ps. 95.
3. Jesus zog gen Jerusalem, Dom. 14. p. Trinitat.
4. Hilf Gott mein Herr wie kompst doch her.
5. Wolauf ihr Heilig vndt fromen, Ps. 33.
6. Ihr Himel lobt gott den herrn, Introit. Officium de Angelis.
7. O Vatter der barmherzigkeit.
8. Danckaagen wir alle Gott vnserm herren Christo.
9. Der Herr sprach zu meinem herrn, Ps. 110.
10. Ach Gott thue dich erbarmen.
11. Gott hat das Euangelium. } Nur je 1 Strophe Text.
12. Nun freut euch Gottefs Kinder all.
13. Wann einer schon ein haufs aufbaut, Ps. 127.
14. Efs ist gewiefalich ahn der Zeit.
15. Nun singt ein neuefs liedt dem herrn, Ps. 98 in der melodi defs 66.
16. Wir dancken dir von herzen vnd lobsingen.
17. Due biest der, auf den wir für vndt für hoffen, Ps. 90 in der melodey defs 78.
18. Jesus zu seinen Jüngern sprach. Am 15. Sontag nach Trinitatis.
19. Ein witfraw hat ein einigen Sohn. Am 16. Sontag nach Trinitatis.
20. An ein sabath als Christ der herr. Am 17. Sontag nach Trinitatis.
21. Christ der Herr (wie Mattheus schreibt). Am 18. Sontag nach Trinitatis.
22. Aus dem schiff auff das land. Am 19. Sontag nach Trinitatis.
23. Christus lert, dafs sein himmelreich. Am 20. Sontag nach Trinitatis.
   Nach ders. Mel.: Eins Königschen ambtmann hatt. Dom. 21. p. Trin.
24. Petrus beim herrn ein frag legt ein. Am 22. Sont. n. Trinit. (Nur T. u. B.)
25. Da Jesus mit dem hochzeitkleidt. Am 23. Sontag nach Trinitatis.
26. Christus vns treulich warnen thut. Dom. 2. Adv.
   Nach ders. Mel.: Als Sanct Johan wust das er solt. Dom. 3. Adv.
27. Aufs Osterfest alle die Jahr.
28. Zu Cana in Gallilâa.
29. Da Christ der herr vom berg herrab trat.
30. Es ist einem hausvater gleich. Dom. Septuagefimae.
31. Nu last vns Gott dem herren dancksagen.
32. Da bey dem herrn versamlet wahr. Dom. Sexagefimae.
   Nach ders. Mel.: Wier gehn nun gen Jerusalem. Dom. Esto mihi.

33. Baldt da Jesus getaufet wurdt. Dom. Invocavit.
Nach ders. Mel.: Jesufs durch sein Göttliche Krafft. Dom. Oculi.
„   „   „   Nicht weit von Tyro vndt Sidon. Dom. Reminifcere.
34. Als Jesufs schieffet über Meer. Dom. Laetare.
Nach ders. Mel.: Die Juden rümbten hefftig sehr. Dom. Judica.
35. Alfs die Jünger beisamen waren. Dom. Quasimodogen.
Nach ders. Mel.: Ich bien ein gutter hirt allein. Dom. Mifericord. Dom.
36. Über ein Kleinfs, der Herre spricht. Dom. Jubilate.
Nach ders. Mel.: Ich geh zue dem, der mich gesandt. Dom. Cantate.
37. Warlich, warlich sprach Christ der herr. Dom. Rogat.
Nach ders. Mel.: Christus sprach, der getreue hirtt. Dom. Exaudi.
38. Also hat Gott die welt geliebt.
39. Efs war einmal ein reicher Mann. Dom. I. p. Trin.
40. Ein mensch macht ein grofs abendmal. Dom. II. p. Trin.
Nach ders. Mel.: Zue Sündern sich der Herr geselt. Dom. III. p. Trin.
41. Seit barmhertzig spricht Jesus Christ. Dom. 4. p. Trin.
Nach ders. Mel.: Viel volck am see Genezareth. Dom. 5. p. Trin.
42. Da Christus sah die gleifsnerey. Dom. 6. p. Trin.
Nach ders. Mel.: Da eins viel volcks beim herren war. Dom. 7.
43. Nembt der falschen Propheten war. Dom. 8.
Nach ders. Mel.: Efs war einmal ein reicher Mann. Dom. 9.
44. Da Christ der herr nu kam gar nah. Dom. 10.
Nach derselben Mel.: Etliche die vermaasen sich. Dom. 11.
45. Es wandert Christus Gottes sohn. Dom. 12.
Nach ders. Mel.: Seelig seidt ihr, sprach Christ der herr. Dom. 13.
46. Einfs Königs Ambtmann hatt ein Sohn. Dom. XXI. p. Trin.
Nach ders. Mel.: Petrufs beim herren ein frage legt ein. Dom. XXII. p. Trin.
47. Ein Schulmeister bies Jairus. Dom. XXIV. p. Trin.
Nach ders. Mel.: Daniel geweissaget hat. Dom. XXV. p. Trin.
48. Du biest der auf den wier für vnd für hoffen. Ps. 90.
49. O Jesu Christ, dein nahm der ist.
50. Die Propheten han geprophezeit.
51. Der gecreutzigte Jesufs Christ. Introit. auf Ostern.
52. Singen wier frölich allesambt.
53. Der Herr zu meinem herren hat gesprochen. Ps. 110.

Nur im Cantus folgende Introitus:
Invocavit me. Dom. Invoc.
Reminifcere miferationum tuarum. Dom. Rem.
Oculi mei femper. Dom. Oculi.
Laetare Jerufalem. Dom. Laetare.
Judica me Deus. Dom. Judica.

Kirchenlieder und Motetten.

12. No. 51. 4 Stb. in kl. quer 4° (V. fehlt); enthält 14 Nrn. von derselben Hand. Ohne Index.

1. Virga Jefsae floruit, à 4.
2. Psallite unigenito, à 4.

3. Nu frewt euch ihr Christenheit, à 4.
4. Lobsinget gott vnd schweiget nicht, à 5. (Hymnus: A folis ortus cardine, verdeutscht.)
5. Es ist der Engel Herrlichkeit, à 4. (Nunc angelorum gloria, verd.)
6. Gutte bottschafft sand gott mit Krafft, à 4. (Collaudemus Chriftum regem.)
7. In natali Domini, à 4.
8. Seydt frölich vnd Jubilieret, à 5.
9. Nu ist els Zeit zu singen hell, à 4.
10. *Orlandus [Lassus]:* Quem vidiftis paftores, à 5.
11. Parvulus nobis nafcitur, à 4.
12. Das alte jahr vergangen ist, à 4.
13. Nunc dimittis Servum tuum, à 5.
14. Ex legis obfervantia.

13. No. 115. 5 Stb. in Fol. von derselben Hand; enthalten nur 3 Nr.
1. *Jacobi Fineti:* Benedicite omnia opera Domini, à 2.
2. *Andr. Hammerschmid:* Alleluja, Kommet her und schawet an, à 7.
3. Gelobet sey der Herr der Gott Israel, à 5.

14. No. 104. 5 Bde. in hoch 4⁰. Angebunden an Lodor. Viadana Opera omnia Sacrorum Concertuum 1—4 Vocum. Francof. 1620. Zwei durch leere Bll. von einander getrennte Teile. Teil 1 von ein und derselben Hand, Teil 2 von verschiedenen Händen geschrieben.

Teil I.

1. *Giov. Baptifta Riccius:* Exultate Deo, à 2.
2.   „   Mifericordias Domini, à 2.
3.   „   O bone Jesu, à 2.
4.   „   Cantate Domino à 2.
5. Laetamini cum Maria à 2.
6. Beata es virgo Maria, à 2.
7. Surrexit Dominus, à 2.
8. Afcenfionis hodie, à 2.
9. Veni dilecta mea, à 2.
10. Afcendo ad Patrem meum.
11. O quam dulce, à 2.
12. O falutaris hoftia, à 2.
13. Adoramus te Chrifte, à 2.
14. A lingva dolofa, à 2.
15. Ego rogabo Patrem, à 2.
16. Quafi ftella matutina, à 2.
17. Jubilemus finguli, à 2.
18. Quem vidiftis paftores, à 2.
19. Ego dormio et cor meum, à 2.
20. *Adriani Banchierj:* In convertendo, à 2.
21.   „   Bonum mihi Domine, à 2.
22.   „   O vere digna hoftia, à 2.
23.   „   Mifericordias Domini, à 2.

24. *Adriani Banchierj*: Adverfum me alieni, à 2.
25. „ Deus canticum novum, à 2.
26. „ Domine Dominus nofter, quam, à 2.
27. „ Vox dilecti mei, à 2.
28. Beati omnes, à 2.
29. Exaudi Domine, à 2.
30. *P[aul] H[allmann]*: Siehe wie fein vnd lieblich ists. Concert à 4.
   Teil II.
31. *J. H. Schein*: Nu kom der heyden heyland, à 4.
32. Gelobet seystu Jesu Christ, à 4.
33. Vom himmel hoch da kom ich her, à 4.
34. Christe der du bist tag vnd licht, à 3.
35. Da Jesus an dem Creutze stund, à 3.

15. No. 18. 4 Hefte in quer 4°, C. A. T. B.; es fehlen V. u. VI. Verschiedene Hände. Auf dem inneren Umschlage des Alt. steht der Name *Caspar Walter* 1648. Einen weiteren Anhalt für die Zeit der Entstehung giebt No. 270 von *P. Halman*, bez. „Auff dafs Begräbnüs defs Fräwleins Bibiana von Promnitz". Nach der von Wahrendorff Lign. Merckw. p. 160 mitgeteilten Grabschrift ist dieselbe den 12. Aug. 1632 gestorben und den 22. Sept. begraben worden. Die Sammlung enthält 276 Nrn. mit vollständigen Texten. Nur im Cantus ein alphabet. geordneter Index, der hier folgt mit Hinzufügung der in der Notenschrift noch enthaltenen Notizen:

1. Am Sabatth früh Marien drey.
2. *B. Gesius*: Ach Gott vom himmel sieh darein.
3. Anhör du Hirt Israel Werde, Ps. 80.
4. *B. Gesius*: Allein zu dir Herr Jesu Christ.
5. „ Alfso heylig ist der Tag, à 4.
6. Afcendit Chriftus hodie, à 4.
7. Alfs Jesus Christus Gottes Sohn, à 4.
8. Also hat Gott die Weldt geliebt, à 8.
9. *B. Gesius*: Allein Gott in der höh sey ehr.
10. „ Alfs Maria zu Elisabeth kam. (Doppelt.)
11. Auff Sion dir geschicht grofs ohre, Ps. 65.
12. *B. Gesius*: An wafserflüfsen Babylon.
13. *Chr. Thom. Wall[iser]*: An wafserflüfsen Babylon, à 5.
14. *B. Gesius*: Ach lieben Christen seydt getrost, à 4.
15. Aufs tieffer noth schrey Ich zu dir, à 4. Ps. 130. (2 mal mit versch. Melod.)
16. *B. Gesius*: Ach Gott thu dich erbarmen.
17. Auff meinen lieben Gott.
18. Auff Gott mein trost vnd hoffnung. Ps. 11.
19. Alfs Jesus Christus Gottes Sohn.
20. *Joh. Leo. Hafs[er]*: Alleluja laudem dicite Deo, à 5.
21. „ Aeternus vero eft folus Deus, à 6.

22. Ach Gott vnd herr, wie grofs vnd schwer, à 4.
23. Auff meinen lieben Gott traw Ich, à 4.
24. *Schütz:* Aufs der tiefe ruff ich Herr zu Dir, à 8.
25. Ad coenam Agni. Hymnus, à 4.
26. Alles wissen in der welt.
27. Bewahr mich Herr thu mir zur rettung kommen. Ps. 12.
28. *Sam. Mareschal:* Birg dein antlitz für meine Sünden, à 4.
29. Bringt des herrn ruhm herfür. Ps. 150.
30. Benedicamus Domino.
31. *B. Gesius:* Christ vnser Herr zum Jordan kam, à 4.
32. *P. H.* (= Paul Hallmann): Christum wir sollen loben schon.
33. Christus der vnnfs Seelig macht.
34. *Eccard:* Christus der uns selig macht, à 5.
35. Christe der du bist tag vnnd licht.
36. *B. Gesius:* Christ lag in todes Banden, à 4.
37. Cedit hyems eminus.
38. Christus ist erstanden.
39. Congregati sunt, à 8.
40. *B. Gesius:* Christ der du bist der helle tag, à 4.
41. *Joh. Leo. Hafler:* Canite tuba in Syon, à 5. (Doppelt.)
42. *Formelij:* Cantate Domino canticum novum, à 6.
43. *B. Gesius:* Dies et laetitia.
44. „ Der tag der ist so freudenreich.
45. „ Dem Neugebornen Kindelein.
46. Dafs alte Jahr vergangen ist, à 4.
47. *Seth Calvifius:* Dancksagen wir alle Gott vnserm Herrn.
48. Da Jesus an dem Creutze stund.
49. Die Propheten han geprophezeiet.
50. *Joh. Schneidewin Juris C.:* Dafs Leyden defs Herrn Jesu Christ.
51. Da Christ der H. zu tische sahfs.
52. Da Ifsrael zog aufs Egyptenland, Ps. 114.
53. *B. Gesius:* Der Herr ist mein getrewer hirt.
54. Der glantz ist vnfs des Jahres erste Quartir.
55. Den Vater dort oben.
56. Der Herr Christ kurz vorm leyden sein.
57. Dem Vater in defs Himmels thron.
58. *B. Gesius:* Durch Adamfs fall ist ganz verderbt.
59. *Hafler:* Durch Adamfs fall ist ganz verderbt.
60. Du bist der, auff dehn wir für vnd für, à 4. Ps. 90.
61. Der Herr zu meinem Herrn hat gesprochen, à 4. Ps. 110.
62. *Joh. Herm. Schein:* Die Nacht ist kommen, drin wir ruhen sollen, à 4.
63. Deus creator omnium, à 4.
64. *Thomas Stolzer 1567:* Dominus vobifcum.
65. *Joh. Baffani:* Dic nobis Maria quid vidisti in via, à 6.
66. *Jacob Handl:* Domine quando veneris Judicare, à 6.
67. *M. Vulpius:* Da traten die Jünger zu Jesu, à 4.
68. Dafs alte Jahr ist nun dahin, à 4.
69. *Frid. Weifsensee:* Dafs Neugeborne kindelein, à 5.

70. *B. Gesius*: Diſs sind die heiligen zehn Geboth, à 4. (Doppelt.)
71. Du schöpfer aller ding vnd Herr, à 4.
72. *B. Gesius*: Els wird schier der leste tag herkommen, à 4.
73. Ein Engel schon auſs Gottes thron. (Doppelt.)
74. *B. Gesius*: Ein Kind ist vnſs geboren heut.
75. *Melchior Vulpius*: Exiens homo, à 6.
76. Els ist izund die Zeit der Buſs vorhanden.
77. *B. Gesius*: Els spricht der Vnweisen Mund wohl.
78. Ein feste Burg ist vnser Gott.
79. *Jacobus Gallus*: Ecce, quomodo moritur juſtus, à 4.
80. *B. Gesius*: Erschienen ist der herrliche Tag.
81.   „   Els wolt vnnſs Gott genedig sein. (Auſserdem noch 2 mal mit verschied. Melod.)
82.   „   Erbarm dich mein o Herre Gott.
83.   „   Els ist das heil vnſs kommen her.
84.   „   Exultet vera Eccleſia.
85. *Joachimus à Burgk*: Els stehn für Gotteſs Throne, à 4.
86. *B. Gesius*: Els ist gewiſslich an der Zeit.
87. *Jaches Wert*: Egreſſus Jesus, à 7.
88. Et exultavit Spiritus meus, à 6. Magnificat Super Naſce la pena mia.
89. Ex legis observantia, à 4.
90. En Trinitatis ſpeculum, à 4.
91. Fit porta Christi pervia, à 4.
92. *Hieron. Praetorius*: Factum eſt silentium in Caelo, à 8.
93. Frolock o tochter Zion.
94. *B. Gesius*: Gott hat daſs Euangelium gegeben, à 4.
95. Gott heyliger Schöpffer aller Sterne, à 4.
96. *B. Gesius*: Gelobet seistu Jesu Christ.
97.   „   Gen Himmel zu dem Vater mein.
98. *Sam. Mareschal*: Gen Himmel zu dem Vater mein.
99. Groſse Angst hat vnnſs vmbfangen.
100. *B. Gesius*: Gott der Vater wohn unſs bey.
101.   „   Gott sey gelobet vnnd gebenedeyet.
102. Gelobt sey Gott der mein hand lehret streiten. Ps. 144.
103. *B. Gesius*: Gelobet sey der Herr, der Gott Iſrael.
104. Gott der über die Götter all regicret. Ps. 50.
105. Gott ist vnser Zuversicht vnd Stärcke, à 8.
106. *Chr. Thom. Walliſer*: Gaudent in caelis animae Sanctorum, à 8.
107. *Jacobi Finetti*: Gaudent in caelis animae Sanctorum, à 4.
108. Groſs wunderthat wircket Gott, à 4.
109. *B. Gesius*: Gloria laus et honor, à 4.
110. *M. L. H.* (Mauricius Landgravus Hassiae?): Gläubige Seel schaw deinen Herrn vnd König, à 4.
111. Gottes Sohn ist kommen, à 4.
112. Hosianna, hosianna, dem Sohne Davids, à 5.
113. *Jac. Handl*: Hieruſalem gaude gaudio magno, à 6.
114. *Calviſius*: Helfft mir Gotts güte preisen.
115. *B. Gesius*: Helfft mir Gotts güte preisen, à 4.

116. Herr dein ohren zu mir neige. Ps. 86. (3mal).
117. Hilff Gott dafs mir gelinge.
118. *Jac. Handel*: Haec eft dies, quam fecit Dominus, à 8.
119. Herr Gott nach deiner grofsen güttigkeit. Ps. 51.
120. *Joach. à Burgk*: Höret dafs leyden vnsers Herrn Jesu Christi, à 4.
121. Heut triumphiret Gottes Sohn.
122. Hört zu ihr Völcker, fleifsig achtung gebt. Ps. 49.
123. *B. Gesius*: Herr Christ der einig Gottefs Sohn.
124. Herr zur zucht in deinem grimme. Ps. 38.
125. *B. Gesius*: Heut singt die liebe Christenheit, à 4.
126. Herzlich lieb hab ich dich o Herr, à 4.
127. Herr Jesu Christ ich weifs gar wohl, à 4.
128. *J. H. Schein*: Herzlich thut mich verlangen, à 4.
129. Hosianna, Hos. filio David, à 8.
130. *J. H. Schein*: Hört auff mit trawren vnd Klagen.
131. Hilff Gott mein Herr, wie kompts doch her.
132. *Clavius*: Hodie natus eft Salvator mundi, à 8.
133. *Handl*: Hodie nobis coelorum, à 8.
134. Herr Jesu Christe Gottes Sohn.
135. Hört auff mit Weinen vnd Klagen.
136. *Gesius*: Herr Gott dich loben wir, à 4.
137.   „   In natali Domini.
138. In dulci jubilo.
139. *B. Gesius*: In dich hab ich gehoffet Herr, à 4. Ps. 31.
140.   „   Ich ruff zu dir Herr Jesu Christ.
141. *Thom. Walliser*: Ich ruff zu dir Herr Jesu Christ, à 5.
142. Ich dancke dir Herr von herzen rein. Ps. 111.
143. In deinem grofsen zorn. Ps. 6.
144. Jesus Christus vnser Heylandt, der den Todt überwand.
145. *Gesius*: Jesus Christus vnser Heylandt, der den Todt überwand, à 4.
146. Jauchzet dem Herrn all auf Erden. Ps. 66.
147. *Rog. Giovanelli*: Jubilate Deo omnis terra, à 8.
148. *M. L. H.*: Jesaia dem Propheten das geschach.
149. *Gesius*: Jesus Christus vnser Heyland, der von vns den Gottes Zorne wand.
150. Ich dancke dir von herzen rein. Ps. 138.
151. Ich hab mein sach Gott heim gestellt, à 4.
152. *Jac. Meiland*: In exitu Israel de Egypto, à 5.
153. *Heinr. Hartmann*: Ist nicht Ephraim mein teurer Sohn, à 8.
154. *B. Gesius*: Jesu wolst vns weisen, à 4.
155. Ihr Himmel lobt Gott den Herrn.
156. Jesu nu sey gepreiset, à 4.
157. *Thom. Fritfch*: Jesu nu sey gepreiset, à 8.
158. In principio erat verbum, à 4. Refponf.
159. *Joh. Herm. Schein*: Ich frewe mich im Herren, à 5.
160. *Handl*: Jocundare filia Syon.
161. *P. Halman*: Ich habe lust abzuscheiden, à 8.
162. In dir ist frewde, à 4.
163. *Godfrid. Haupt*: Ist Gott für vns, à 5.

164. *B. Gesius*: Kom Gott Schöpffer heil. Geist, à 4.
165. „   Kom heyliger Geist Herre Gott, à 4.
166. „   Kombt her zu mir spricht Gottes Sohn.
167. „   Lob sey dem allmächtigen Gott.
168. „   Lobt Gott ihr Christen allzugleich.
169. „   Lucas thut gar schön schreiben.
170. *Jac. Handel*: Laus et perennis gloria, à 8.
171. Laudate Dominum de caelis, à 8.
172. Lobet Gott im Himmelreich. Ps. 150.
173. Lobet Gott vnsern Herrn. Ps. 150.
174. Lobet den Herrn, denn Er ist sehr freundlich.
175. *Handel*: Laetamini cum Jerusalem, à 8.
176. Laat vns von Herzen dancken.
177. *B. Gesius*: Menschen Kind merck eben, à 4.
178. Mein Augen Ich gen berg auffricht.
179. Mein Hüter vnd mein hirt ist Gott. Ps. 23.
180. *B. Gesius*: Mensch wiltu leben Seoliglich.
181. Mein Seel erhebt den Herren.
182. Mein Freund komme in seinen garthen, à 8.
183. Mundi secuta lubrica.
184. *Greg. Aiching[er]*: Maria Virgo regia de radice, à 5.
185. Mein Gott, mein Gott ach wie verstöstu mich, à 4. Ps. 22.
186. *B. Gesius*: Mag ich vnglück nicht widerstahn. Maria Königin zu Vngern Ertzherzogin zu Österreich, à 4.
187. Nunc Angelorum gloria.
188. *B. Gesius*: Nu kom der heyden Heyland, à 4.
189. *Eccard*: Nu kom der heyden Heyland, à 5.
190. *Jacob Meiland*: Non auferetur Sceptrum, à 6.
191. *B. Gesius*: Nobis est natus hodie.
192. Nu last vnfs alle frölich sein, à 3.
193. Nu ihr Völcker all, frolocket mit schall. Ps. 47.
194. *B. Gesius*: Nu freut euch Gottes Kinder all.
195. „   Nu bitten wir den heil. Geist, à 4.
196. „   Nu lob mein Seel den Herrn.
197. Nu preifs mein Seel den Herrn. Ps. 103.
198. *B. Gesius*: Nu last vns Gott den Herren, à 4.
199. Non omnis qui dicit mihi, à 5.
200. Nu ist es Zeit zu singen hell, à 4.
201. Nu frewd euch lieben Christen gmein, à 4.
202. Nach dem Gesetz wird Gottes Sohn, à 4.
203. O Lamb Gottes vnschuldig.
204. O Seelig mufs ich diesen Menschen Preisen. Ps. 32.
205. O Herr dein Ohren zu mir Kehre. Ps. 5.
206. *M. L. H.*: O Licht heylig Dreyfaltigkeit.
207. O Mensch bedenck zu dieser frist, à 4 (2 mal mit versch. Mel.)
208. O ihr alle die ihr euch dem Herrn, à 4.
209. *M. L. H.*: O Mensch bewein dein Sünde grofs, à 4.
210. Parvulus nobis nafcitur.

211. Pfallite unigenito Christo Dei Filio.
212. Pange lingva gloriofi proelium certaminis Hymnus Fortunatij.
213. *B. Gefii*: Pafsio Domini nostri Jesu Christi, à 4.
214. *Hein. Pfendneri*: Quem vidiftis paftores dicite, à 6.
215. Quid admiramini.
216. Richt mich, Herr Gott, vnd halt mir rechte.
217. Repleatur os meum, à 5.
218. Seelig ist der gepreiset. Ps. 128.
219. Salve fefta Dies toto venerabilis aevo.
220. Schaw wie so fein vnd lustig ist zu sehen. Ps. 133.
221. Singet ein Newes lied dem Herrn. Ps. 96.
222. Spiritus Sancti gratia.
223. Serva Deus verbum tuum, à 4.
224. *Christoph. Erbachii*: Surrexit Chriftus hodie Alleluja, à 5.
225. *Vulpii*: Siehe ein Weib das 12 Jahr den blutgang, à 8.
226. *Jach. Wert*: Tranfeunte Domino, à 5.
227. Veni Redemptor Gentium, à 4. D. Ambrofij Hymnus.
228. *B. Gesii*: Vom himmel hoch da kom Ich her.
229. *Joh. Leo. Hafler*: Verbum caro factum eft, à 6.
230. Unfs ist ein Kindlein heut geboren.
231. *B. Gesii*: Vom himmel kam der Engelschaar. (Doppelt.)
232. Vexilla regis prodeunt.
233. *B. Gesius*: Vater vnser im himmelreich, à 4.
234. „ Von St. Johanfs dem heylgen Mann.
235. Verley unfs Frieden gnädiglich, à 4.
236. *Jac. Handl*: Veniet Tempus, in quo salvabitur, à 8.
237. *Jac. Gallus*: Veniet Tempus, in quo salvabitur, à 8 (versch. Mel.)
238. Verzage nicht, o fromer Christ, à 4.
239. Von Adam her solange Zeit, à 4.
240. Wir Christenleut, haben izund freud.
241. Wie im Gesetz geschrieben steht.
242. *M. L. H.*: Wer in dem Schuz des höchsten ist.
243. Wer in dofs allerhöchsten hutt. Ps. 91.
244. Worauff ist doch der Heyden thun gestellt.
245. *Valent. Triller*: Wir wollen singen heut für allen Dingen, à 3.
246. *B. Gesius*: Wo Gott zum haufs nicht gibt sein gunst.
247. „ Worumb betrübstu du dich mein herz.
248. „ Weltlich ehr vnd zeitlich gutt.
249. Wolauff ihr heyligen vnnd fromen. Ps. 33.
250. *B. Gesius*: Wenn wir in höchsten nöhten sein.
251. „ Wafs mein Gott wil das gscheh allzeit.
252. „ Wie schön leuchtet der Morgenstern, à 4.
253. Wie nach einer Wasserquelle, à 4. Ps. 42.
254. Wer nicht mit den Gottlosen geht zu ratth, à 4. Ps. 1.
255. Wie lieblich ist der Mayen.
256. Wie holdseelig sind doch die füfs, à 4.
257. *B. Gesius*: Wir gleüben all an einen Gott, à 4.
258. Wafs fürchstu feindt Herodefs sehr.

259. Wir dancken dir von hertzen vnnd lobsingen, à 4.
260. Zu Gott wir vnser zuflucht haben. Ps. 46.
261. Zu dir von herzengrunde. Ps. 130. (Doppelt.)
261. Zion spricht, der Herr hat mich verlaſsen, à 5.

16. No. 98. 1 Vol. in quer Fol. von derselben Hand. Enthält drei- bis zehnstimmige Kompositionen in Partitur in deutscher Orgeltabulatur. 211 Nrn. Bei mehreren Nrn. steht „Transpositum per 4". Das Mnscrpt. zerfällt in 2 Teile, die besonders am unteren Rande gezählt sind. Teil I hat 98, Teil II 124 Bl. Auf einem der leeren Blätter zwischen dem 1. und 2. Teil steht: „Tabulatur: Pars Altera Abrahamo Schadaeo." Schadaeus' Sammelwerk erschien 1611, doch sind hier Tonsätze dabei, die dort nicht vorkommen.

1. *Clemens non papa*: Pastores loquebantur ad inuicem, à 5. P. I. II.
2. Neſciens mater virgo virum, à 5.
3. *Floriani Canalis*: Quem vidiſtis paſtores, à 6. P. I u. II. Transpoſitum.
4. Daſs neu geborne kindelein, à 8. P. I. II.
5. *Ludovici Balbi*: Hodie Chriſtus natus eſt, à 7.
6. *Orphei Vecchi*: Gloria in excelsis Deo, à 6.
7. *Franciſci Bianciardj*: Surgite paſtores Alleluja, à 5.
8. *Simonis Molinarij*: Hodie Chriſtus natus eſt, à 5.
9. *Joh. Baptistae Stephanini*: Parvulus filius, à 6.
10. *Nicolai Zangii*: Angelus ad paſtores ait, à 6.
11. *Gulielmi Libarini Bononienſis*: Hodie nobis coelorum rex, à 7.
12. *Johan. Gabrieli*: O Jeſu mi dulciſsime, à 8.
13. Gelobet seistu Jesu Christ, à 4.
14. *Jacobus Tappius*: Daſs alte Jahr vorgangen ist, à 4.
15. In dulci jubilo, à 4.
16. Salve parvule, à 4.
17. Nu ist es Zeit zusingen hell, à 4.
18. Virga Jeſsae floruit, à 4.
19. Wir Christenleutt, à 4.
20. Pſallite unigenito, à 4.
21. Nu last vns alle frölich sein, à 4.
22. Parvulus nobis naſcitur, à 4.
23. Vns ist ein Kindlein heut geborn, à 4.
24. Nobis eſt natus hodie, à 4.
25. Ecce Maria genuit nobis, à 5. P. I. II.
26. O admirabile commercium, à 5.
27. *Orlandus*: Angelus ad paſtores ait, à 5.
28. „ Sidus ex claro veniens olympo, à 5. P. I. II.
29. Congratulamini nunc omnes, à 5.
30. Quem vidiſtis paſtores dicite, à 5.
31. Wolauff zu dieser frist, à 5.
32. Seit frölich vnd jubiliret, à 5.

33. Der Engel sprach zu dem hirten, à 5.
34. Da Christus geboren wardt, à 5.
35. *Johannes Vefalius*: Ich hört die Engel singen, à 5.
36. Joseph lieber Joseph mein, à 5.
37. *Michael Tonfor*: Dies eft laeticiae meae, à 5.
38. Puer natus in Bethlehem, à 5.
39. Fulgete caeli sidera, à 5.
40. Gottes Sohn ist Mensch geborn, à 5.
41. *Lodovico Viadana*: Hodie nobis coelorum rex (unvollständig).
42. *Cafparis Vincentij*: Claritas Domini circum fulfit, à 8.
43. *Chrif. Thomae Walliferi*: Cum natus efset in Bethlehem Judae, à 8.
44. *Hieronymi Jacobi*: Parvulus hodie natus eft nobis, à 8.
45. *Julii Ofculati*: Quem vidiftis Paftores dicito, à 8.
46. *Archangeli Borfari*: Sit nomen Domini benedictum, à 8.
47. *Simonis Molinarij*: Magi videntes ftellam, à 5.
48. *Bernhardi Vannini*: Fili quid fecifti nobis, à 5.
49. *Curtij Valcampi*: Tribus miraculis ornatum, à 5.
50. *Philippi de Monte*: Stellam quam viderant Magi, à 7.
51. *Ludovici Cafalij*: Gaudens gaudebo, à 8.
52. *Simonis Gatti*: Obfecro vos fratres per mifericordiam Dei, à 8.
53. *Christoph. Thomae Walliferi*: Domine Jefu Chrifte, à 8.
54. *Leonis Leonij*: O quam dulcia faucibus meis, à 8.
55. *Romuli Naldij*: Dum turba plurima, à 8.
56. *Curtij Valcampi*: Senex puerum portabat, à 6.
57. *Francifci Suriani*: Adorna thalamum tuum Sion, à 8.
58. *Hannibal Stabilis*: Nunc dimittis Servum tuum Domine, à 8.
59. *Ludovici Balbi*: Plaudat nunc organis, à 8.
60. *Francifci Bianciardij*: Aue gratia plena, à 6. Dialog.
61. *Joh. Baptistae Steffanini*: Beata es virgo Maria, à 7.
62. *Tiburtii Mafsaini*: Gabriel Angelus locutus eft, à 8.
63. *Alexandri Horologij*: Miferere mei Deus, à 5.
64. *Philippi de Monte*: Ante oculos tuos domine, à 6. P. I. II.
65. *Caroli Luyton*: Domine Jefu Chrifte refpicere digneris, à 6.
66. *Johan. Gabrielis*: Miferere mei Deus, à 6.
67. *Vicentij Bertholusij*: Domine Ante te Domine, à 6.
68. *Cafparis Vincentij*: Domine Deus meus, à 6. P. I. II.
69. *Joh. Leo Hafleri*: Si bona fufcepimus, à 8.
70. *Leonis Leonij*: Peccaui fuper numerum arenae maris, à 8.
71. „   Tribularer si nefcirem, à 8. P. I. II.
72. *Francifci Mariae Guaitolij*: Afpice in me Domine, à 8.
73. *Ludovici Spontoni*: Emendemus in melius, à 8.
74. *Franc. Bianciardij*: Omnia quae fecifti nobis Domine, à 8.
75. *Joan. Gabrielis*: Domine exaudi orationem meam, à 8.
76. *Lucae Marentij*: Iniquos odio habui, à 8.
77. *Lucij Billi Rauennatis*: Voce mea ad Dominum clamaui, à 8.
78. *Franc. Mariae Guaitolij*: Deus in nomine, à 8.
79. *Benedicti Pallauicini*: In te Domine fperaui, à 8.
80. *Scipionis Barotij*: Domine Jefu Chrifto, à 8.

81. *Vincentij Bertholusij*: Laetare Hierusalem, à 8.
82. *Philippi de Monte*: Illumina oculos meos, à 6.
83. *Franc. Bianciardii*: Extollens vocem quaedam, à 6.
84. *Guilhelmi Arnonis*: Iudica me Domine quoniam ego, à 6.
85. *Caroli Luyton*: Gloria laus et honor tibi fit, à 6. P. I. II.
86. *Simonis Molinarij*: Insurrexerunt in me viri iniqui, à 5.
87. *Alex. Horologij*: Vidons Chriftum in patibulo, à 5.
88. *Simonis Molinarij*: Vere languores noftras ipse tulit, à 5.
89. *Flaminij Nuceti*: O fuavitas et dulcedo humani generis, à 6.
90. *Christoph. Thom. Wallifieri*: Morti tuae tam amarae, à 6.
91. *Tiburtii Mafsaini*: Conferua me Domine, à 8, P. I. II.
92. *Leonis Leonij*: O Domine Jefu Chrifte adoro te, à 8.
93. *Franc. Bianciardij*: Aue Rex nofter, à 8.
94. *Joan. Croce*: O trifte fpectaculum, à 8.
95. *Scipionis Barotij*: Caligauerunt Oculi mei à fletu meo, à 8.
96. *Augustini Agazzarii*: Triftis eft anima mea, à 8.
97. *Tiburt. Mafsaini*: Intelligite et ftulti aliquando fapite, à 7.
98. *Christiani Erbachs*: Dominus illuminatio mea, à 7.
99. *Melchioris Franci*: Quantas oftendifti mihi, à 8.
100. *Joh. Leon. Hafleri*: Confitebor tibi Domine, à 8.
101. *Chriftoph. Buels*: Bonum eft confiteri Domino, à 8.
102. *Lucae Marentij*: Deus, venerunt gentes, à 8.
103. *Cafp. Vincentij*: Tua eft potentia, tuum Regnum Domino, à 8.
104. „ Super falutem et omnem pulchritudinem, à 8.
105. „ Alleluia Agnus redemit oves, à 5.
106. *Joh. Baptistae Steffanini*: Chriftus Refurgens mortuis, à 5.
107. *Joan. Baptistae Gostenae*: Tulerunt Dominum meum, à 5.
108. *Hieronimi Balloni*: Alleluia furrexit Chriftus fpes mea, à 6.
109. *Horatii Vecchi*: Quem quaeris Magdalena, à 6.
110. *Christoph. Buels*: Expurgate vetus fermentum, à 6.
111. *Archangeli Borfari*: Congratulamini mihi omnes, à 6.
112. *Nicolai Rubini*: Virtute magna reddebant Apoftoli, à 6.
113. *Nicol. Zangij*: Surrexit Chriftus fpes mea, à 8 (2 mal).
114. *Joh. Bapt. Stephanini*: Ardens eft cor meum, à 8.
115. *Antonii Savettae*: Tulerunt Dominum meum, à 8.
116. *Francifci Crotti*: Surrexit paftor bonus, à 8.
117. Congratulamini mihi omnes, à 8.
118. *Joh. Gabrielis*: Ego fum qui fum et confilium meum, à 8.
119. *Leonis Leonij*: Angelus Domini defcendit de caelo, à 8.
120. *Cafp. Vincentii*: Salue facra dies, à 8.
121. *Horatii Vecchi*: Cantemus laetis vultibus, à 8.
122. *Ludov. Casalij*: Cognoverunt difcipuli dominum suum, à 8.
123. *Joh. Franc. Ramellae*: Confolamini populi, à 8.
124. *Pompei Signorucci*: Surrexit paftor bonus, à 8.
125. *Joh. Pauli Cimae*: Miferecordias tuas Domine, à 5.
126. *Joh. Leo Hafleri*: Jubilate Domino omnis terra, à 6.
127. *Benedicti Pallauicini*: Jubilate Deo omnis terra, à 8.
128. *Julii Osculatii*: Ego ueritatem dico vobis, à 5.

129. *Joh. Herm. Schein*: Da Jefus an dem Creutze ftundt, à 4.
130. „ Chrift lag in Todes Banden, à 5.
131. *Hannibalis Perini*: Cantate Domino canticum novum, à 7.
132. *Aspriliÿ Pacelli*: Cantate Domino canticum novum, à 8.
133. *Curtii Valcampi*: Petite & accipietis, à 6.
134. *Benedicti Bagnii*: Vocem iucunditatis annunciate, à 8.
135. *Joh. Bapt. Dulcini*: Exiui a Patre & veni in mundum, à 8.
136. *Sim. Molinarÿ*: Regna terrae cantate Deo, à 5.
137. *Nicolai Rubini*: Ego rogabo Patrem, à 6. P. I. II.
138. *Curtii Valcampi*: Non turbetur cor veftrum, à 6.
139. *Gulielmi Arnoni*: Afcendifti in altum, à 6.
140. *Tiburt. Ma/saini*: Ite in uniuerfum mundum, à 7.
141. *Julii Osculati*: O Rex gloriae, à 7.
142. *Joh. Croce*: O viri ô Galilaei, à 8.
143. *Ludovici Balbi*: Omnes gentes plaudite manibus, à 8.
144. *Lucae Marentii*: Exurgat Deus & difsipentur inimici ejus, à 8.
145. *Bernhardi Vannini*: Dum complerentur dies pentecoftes, à 5.
146. *Joh. Bapt. Gostenae*: Repleti funt omnes fpiritu fancto, à 5.
147. *Curtii Valcampi*: Hodie completi sunt, à 6.
148. *Nicol. Rubini*: Repleti sunt omnes, à 7.
149. *Asprilii Pacelli*: Veni fancte fpiritus, à 8. P. I. II.
150. *Joh. Gabrielis*: Iam non dicam vos fervos, à 8.
151. *Octavii Catalani*: Hodie completi funt, à 8.
152. *Bened. Pallavicini*: Dum complerentur dies pentecostes, à 8. P. I. II.
153. *Nicol. Zangii*: Veni fancte fpiritus, à 8.
154. *Octavii Catalani*: Si manferitis in me, à 8.
155. *Leonis Leoni*: Sic Deus dilexit mundum, à 8.
156. *Casparis Villani*: O facrum convivium, à 5.
157. *Hieronymi Jacobi*: Caro mea verè eft cibus, à 5.
158. *Franc. Bianciardÿ*: O Pretiofum & admirandum convivium, à 5.
159. *Andreae Saladdi Parmensis*: O quam fuavis eft Domine fpiritus tuus, à 5.
160. *Christophoro Straus*: O Rex gloriae Domine virtutum, à 10.
161. „ O Rex gloriae Domine virtutum.
162. *Joh. Bapt. Steffanini*: Gustate et videte, à 5.
163. *Octauii Catalani*: Aue verum corpus, à 5.
164. *Caspar. Vincentii*: Pange lingua gloriosi, à 6.
165. *Paulus Prefchnerus*: Alfo hat gott die Welt geliebt, à 5. P. I. II.
166. *Curtii Valcampi*: O quam fuavis eft Domino, à 6.
167. „ Ego fum panis vivus, à 6.
168. *Joh. Piccioni*: O Jefu mi dulcifsime, à 6.
169. *Dominici Brunetti*: Aue verum corpus natum, à 7.
170. *Hieron. Jacobii*: Salue victima in ara Crucis immolata, à 7.
171. *Alexander Vuttendal*: Domine ne in furore tuo arguas me, à 4. P. I, II, III.
172. „ Domine ne in furore tuo arguas me, à 4. P. I bis VI.
173. „ Beati quorum remifsae funt iniquitates, à 7. P. I bis IV.

174. *Michaelis Varotti*: Spiritus meus fupor mel & fanum, à 6.
175. *Joh. Bapt. Steffanini*: O Sacramentum, à 7.
176. *Phil. de Monte*: Ego fum panis vivus, à 7.
177. Homo quidam fecit coenam magnam, à 8.
178. *Vincentij Bertholusij*: Caro mea & fanguis meus, à 8.
179. „ Caro mea & fanguis meus, à 8.
180. *Ludov. Spontoni*: Refpexit Elias ad caput fuum fubcinericium panem, à 8.
181. „ Refpexit Elias ad caput fuum fubcinericium panem, à 8.
182. *Lodovici Balbi*: Quemadmodum defiderat cervus ad fontes. à 8.
183. *Leonis Leoni*: O facrum & admirabile convivium, à 8.
184. *Tiburt. Mafsaini*: Ego fum panis vitae, à 8.
185. *Horati Vecchi*: O dulcis Jefu o roftrigerium animae moae, à 8.
186. *Benedicti Bagnij*: O Domine Jefu Chrifte, à 8.
187. *Franc. Mariae Guaitolij*: Pangamus laeti omnes, à 8.
188. *Bened. Pallavicini*: O facrum convivium, à 8.
189. *Asprilij Pacelli*: O verò digna hoftia, à 8.
190. *Franc. Mariae Guaitolij*: O venerandum & admirabile Sacramentum, à 8.
191. *Joh. Petraloysij Preneftini*: Lauda Sion falvatorem, à 8.
192. *Franc. Mariae Guaitolij*: Venite edite manna benedictum, à 8.
193. *Sim. Molinarij*: O quam metuendus eft locus ifte, à 5.
194. *Joh. Pauli Cimae*: Ornaverunt faciem templi, à 8.
195. *Sim. Molinarij*: Cantate Domino canticum novum, à 5.
196. *Joan. Leonis Hasleri*: Laudate Dominum, à 6.
197. *Guilelmi Arnoni*: Cantabo Domino in vita mea, à 6.
198. *Joh. Gabrieli*: Audi Domine hymnum, à 7.
199. *Hannib. Perini*: Laudate Dominum eius, à 7.
200. *Bened. Bagni*: Exultemus Domino Regi fummo, à 8.
201. *Joh. Croce*: Buccinate in neomenia tuba, à 8.
202. *Christiani Erbacchi*: Sanctificavit Dominus tabernaculum fuum, à 8.
203. *Nicol. Parmae*: Exultavit cor meum in Domino, à 8. P. I. II.
204. *Lodov. Balbi*: In dedicatione templi, à 8.
205. *Joan. Leo. Hafler*: Audi Domine hymnum, à 8.
206. *Joh. Croce*: Incipite Domino in tympanis, à 8.
207. *Curtii Valcampi*: Decantabat populus Israel, à 8.
208. *Joannis Piccioni*: Elegi & fanctificavi cum iftum, à 8.
209. *Antonii Savettae*: Exultate Deo Adjutori noftro, à 8.
210. *Cafpar. Vincentij*: Adefto dolori meo o Deus, à 8.

Vermischte geistliche Gesänge.

17. No. 47. 5 Stb. in 4°, C. à 116, A. u. B. à 111, T. à 121, V. à 33 Bl. Von derselben Hand sorgfältig geschrieben. Nur am Schluss des C. u. B. ein nicht ganz vollständiger alphabetischer Index.

1. A solis ortus cardine, à 4.
2. *Josephus*: Alleluja, à 4. Antiphona ad Magnif. sexti toni.

3. *Haslerus:* Ascendo ad Patrem, à 5.
4. *Vulpius:* Ascendo ad Patrem, à 4.
5. *Buchw:* Ascendit Christus hodie, à 4.
6. *M. Franck:* Alfo hat Gott die welt geliebt, à 4.
7. „ Alfo wird euch mein Himlischer Vater auch thun, à 4.
8. Benedicite Domino, Introit. in Festo Mich., à 4.
9. *Incertus:* Bleib bey uns Herr, denn es wiel abend werden, à 4.
10. *Gesius:* Benedicta fit Sancta Trinitas, à 4.
11. Cantate Domino canticum novum, à 4.
12. Dafs alte jahr vergangen ist, à 4. (Doppelt.)
13. *M. Francus:* Dafs alte jahr vergangen ist, à 4.
14. *J. Händl:* Domus pudici pectoris, à 4.
15. *Christian. Erbachii:* Dum transifset Sabbatum, à 4.
16. *Joh. Leonis Hasleri:* Dixet Maria ad Angelum, à 4.
17. De ventre matris meae, à 5.
18. Dum complerentur dies Pentecostes, à 4.
19. Ecce Dominus veniet, à 5.
20. *Vulpii:* Ecce ascendimus Hierosolyman, à 5.
21. *J. Händl:* Ecce veniet Deus, à 5.
22. *M. Praetorii:* Erstanden ist der heilge Christ, à 4.
23. *Hasleri:* Ego fum refurrectio et vita, à 4.
24. *Zindelin:* Estote fortes in bello, à 4.
25. Exultate justi in Domino, à 4.
26. *Jac. Händl:* Festina ne tardaveris, à 5.
27. *Philipp. Zindelin:* Facta est cum Angelo multitudo, à 4.
28. Factum est proelium magnum in coelo, à 4.
29. *Praetorius:* Festum nunc celebre, à 4.
30. Fuge, fuge dilecte mi, à 3.
31. *Barth. Gesius:* Gratos nunc omnes, à 4.
32. *Lucae Marentii:* Gabriel Angelus locutus est Mariae, à 4.
33. Gelobet sey der Herr, der Gott Israel, à 5.
34. *M. Franckens:* Gleich wie Moses in der Wüste, à 4.
35. Hosianna dem Sohne David, à 4.
36. Haec est dies, quam fecit Dominus, à 4.
37. *M. Franc:* Herr nun lossestu deinen Diener, à 4.
38. *Barth. Gesii:* Heut triumphiret Gottes Sohn, à 4.
39. In principio erat verbum, à 5 (noch einmal à 4).
40. Imple os nostrum laude tua, à 4.
41. *Erasmus Widman:* Jubilate Deo omnis terra, à 4.
42. *Jac. Händl:* Jubilate Deo omnis terra, à 4.
43. *Meilandi:* In exitu Israel de Aegypto, à 5.
44. *Barth. Gesii:* Kyrie magnae Deus potentiae, à 4.
45. Kyrie fons bonitatis, à 4.
46. *Gesius:* Kyrie eleison. Kyrie Paschale, à 4.
47. *Vulpius:* Laudate Dominum, quoniam bonum est psallere, à 5.
48. *Erasmus Widman:* Laudate Dominum omnes gentes, à 4.
49. Laudate Dominum omnes gentes, à 4. 8. toni.
50. *Vulpii:* Laudate Dominum in sanctis ejus, à 5.

51. *Händl*: Laus et perennis gloria, à 4. (2 mal mit versch. Mel.)
52. Lobsinget Gott und schweiget nicht, à 5.
53. *Sam. Besler*: Mittit ad virginem non quemvis nuncium, à 4.
54. *M. Praetorius*: Magnificat super Angelus ad Pastores, à 5.
55. *Orlandus [Lassus]*: Magnificat, V. toni, à 5.
56. *Varottus*: Magnificat, VII. toni, à 5.
57. *Sam. Besler*: Nu lafst uns alle frölich sein, à 4.
58. *Christ. Erbachius*: Nesciens mater virgo virum, à 5.
59. *Haslerus*: Nunc dimittis servum tuum, à 5.
60. *Sam. Besler*: Nunc Angelorum gloria, à 4.
61. Omnes gentes plaudite, Ps. 47, à 4.
62. *Zindelin*: O rex gloriae Domine, à 4.
63. O lux beata Trinitas, à 4.
64. *Vulpius*: Pater noster qui es in coelo, à 5.
65. *Johannes Chaince*: Peccavi super numerum, à 5.
66. *Gesius*: Puer natus est nobis. Introitus, à 4.
67. *Barth. Gesius*: Pafsio Domini nostri Jesu Christi secundum Matthaeum, à 4.
68. Puer natus in Bethlehem, à 4.
69. Qvem pastores laudavere.
70. *Gesius*: Rorate coeli desuper, à 4.
71. *Josephus*: Resurrexi et adhuc tecum sum, à 4.
72. *Sebastian. Hominis*: Quid faciam, qvia Dominus meus aufert a me, à 5.
73. *Gesius*: Spiritus Domini replevit orbem, à 4.
74. *Barth. Gesius*: Salve festa dies, à 4.
75. Spiritus sancti gratia, à 4.
76. *Orlandus [Lassus]*: Tibi laus, tibi gloria, à 4.
77. *J. Händl*: Non ex virili semine, à 5.
78. *M. Praetorius*: Non ex virili semine, à 4.
79. Unfs ist ein kindlein heut gebohrn, à 4.
80. *Jac. Händl*: Veni sancte Spiritus, à 4.
81. *Zindelin*: Veni sancte Spiritus, à 4.
82. *Gesius*: Victimae Paschali laudes, à 4.
83. *B. Gesius*: Viri Galilaei Qvid admiramini, à 4.
84. *Zindelin*: Veni Creator Spiritus, à 4.
85. *M. Franck*: Wer mich liebet, der wird mein Wort halten, à 4.
86. Zu Bethlehem ein kindelein, à 4.

18. Nr. 49. 6 Stb. in 4°, von verschiedenen Händen; bei 2 Nrn. des 2. Teils sind die Jahreszahlen 1624 und 25 angeführt. Besteht aus 4 Teilen. Bei einer Nr. des 4. Teils nennt sich als Schreiber Tob. Schönfeld. Nur der Cantus enthält alphabetisch geordnete Indices, von denen die zum 1. und 2. Teil zusammen vor, im 3. und 4. Teil hinter den Gesängen stehen. Texte vollständig.

18. No. 49.

Teil 1, Gesänge zu 4 Stimmen:
1. Am Sabath frü Marien drey.
2. Aus des Gottlofen Thun vnd wergk, Ps. 36.
3. Da Christus wolt das Lösegeldt.
4. Die Nacht ift kommen.
5. Es spricht der Unweifen Mundt wol.
6. Erheb dein Herz, thu auff dein Ohren.
7. Festum nunc celebre magnaque gaudia.
8. Herr Gott ich nun bereitet bin.
9. Herr Gott nach deiner groffen güttigkeit, Ps. 51.
10. Jesus Christus vnfer Heylandt.
11. In deinen grofsen Johren.
12. Ihr Völcker auff der Erden all, Ps. 100.
13. Ich wil dich Herr von Hertz grund loben vnd Preyfen.
14. Lafs deinen Knecht numehr.
15. Mein Herz ist frölich in dem Herrn.
16. Mein Augen ich gen Berg aufricht, Ps. 121.
17. Mein Gott, mein Gott, ach wie verstöstu mich.
18. Mein Hüter vnd mein Hirtt, Ps. 23.
19. *M. L. H.* (Mauricius Landgrav. Hafsiae): Nu kom der Heyden Heylandt.
20. Nu ihr Völcker all, Ps. 47.
21. O Herr dein Ohren zu mir kehre.
22. O höchster Gott o vnfer lieber Herre, Ps. 8.
23. Richt mich Herr Gott vnd halt mir Rechte.
24. Singet ein Newes Lied, Ps. 96.
25. Schaw wie so fein vnd lustig ist.
26. Veni redemptor gentium.
27. Wer in des allerhöchsten hutt, Ps. 91.
28. Wieviel sind dir o Herr.
29. Wie nach einer Wasserquelle.
30. Zu dier von Herzen grunde.
31. Zu Gott in den Himmel droben, Ps. 77.
32. Zu dir ich mein Herz erhebe, Ps. 25.

Teil 2.
1. *Gesij*: An Wasserflüfsen Babylon, à 4.
2. *Hasleri*: Allelujah laudem dicite deo nostro, à 5.
3. *Gesij*: Am Sabath frü Marien drey, à 4.
4. Ades pater supreme.
5. Ad coenam agni prouidi.
6. Auff diesen Tag gedencken wir.
7. Als vierzig Tag nach Ostern war.
8. *Eccardi*: Christus der vnfs seelig macht, à 5.
9. „ Christus lag in Todes Banden, à 4.
10. „ Christ ist erstanden, à 5.
11. Christum wir sollen loben schon, à 4.
12. Christe, der du bist tag vndt licht, à 4.
13. *M. L. H.*: Christ der du bist der helle Tag, à 4.

14. Christ fuhr gen himmel.
15. Christus ist erstanden, à 4.
16. *Eccardi*: Da Jesus an dem Kreutze standt, à 5.
17. *Gesij*: Diſs sind die heilgen zehn Gebott, à 4.
18. Du lenz ein guttes Jahr, à 4.
19. Da der Herr Christ zu Tische saſs.
20. Da die eylf Jünger beysammen warn.
21. Der Lentz ist vnſs des Jahres erste quartir, à 4.
22. Der Herr Christus kurz vorn leiden sein, à 4.
23. Ein Kind ist vnſs gebohren heut.
24. *Gesij*: Ein feste Burg ist vnſer Gott, à 4.
25. Ein Engel schon, aus Gottes Thron, à 4.
26. *Joach. à Burck*: Es stehn für Gottes Throne, à 4.
27. *Eccardi*: Es ist das Heil vns kommen her, à 5.
28. *Gesij*: Es ist das Heil vns kommen her, à 5.
29. „   Es wird schier der letzte Tag herkommen, à 4.
30. Erschienen ist der herrliche Tag, à 4.
31. *Carol. Luyton*: Fulgete caeli sydera, à 5 (darunter: Scrip. 4. Jan. 1625).
32. *Eccardi*: Gott der Vater won vnſs bey, à 5.
33. „   Herr Gott dich loben wir, à 5.
34. *Gesij*: Herr Christ der einig Gottes Sohn, à 5.
35. Herr Jesu Christ ich weis gar wol, à 4.
36. Herr Jesu Christ war mensch vndt Gott, à 4.
37. Hilff Gott das mir geliuge, à 4.
38. Heut triumphiret Gottes Sohn, à 6.
39. *Joachimi à Burck*: Höret das Leiden vnsers Herrn Jesu Christi aus dem Ev. Johanne, à 4.
40. *Gesij*: Ich ruf zu dir Herr Jesu Christ, à 5.
41. *Eccardi*: Jesus Christus vnſer Heylandt, à 5.
42. *Gesij*: Jesus Christus vnſer Heylandt, à 5.
43. Jesu nostra redemtio, à 4.
44. Ihr lieben Christen frewdt euch nu, à 4.
45. Ich hab mein Sach Gott heimgestellt, à 4.
46. *Eccardi*: Kom heilger Geist Herre Gott, à 5.
47. „   Komt her zu mir spricht Gottes Sohn, à 5.
48. Kom o Vater höchster Gott (Ades pater supreme, deutsch).
49. Lobet heut Marien Söhnelein, à 5.
50. Laſs deinen Knecht nu mehr, à 4.
51. Lob sey dir gütiger Gott, à 4.
52. *Eccardi*: Mein Seel erhebet den Herren mein, à 5.
53. *G. R. H.* (Georg Rudolf Herzog): Mein Seel erhebet den Herren.
54. *Gesij*: Mein Herz für frewdt aufspringet, à 4.
55. Miserere mei Deus, à 4.
56. Mein Seel erhebt den Herren mein.
57. *Eccardi*: Nu kom der Heyden Heylandt, à 5.
58. *Gesij*: Nu kom der Heyden Heyland, à 4.
59. „   Nun lob mein Seel den Herren, à 4.

60. *Sam. Besler*: Nun laſst vns alle frölich sein, à 4 (darunter: Script. 15. Decemb. 1624).
61. Nun schlaff mein liebes Kindelein, à 4.
62. Nun wolle Gott, daſs vnſer gsang, à 4.
63. *Eccardi*: O Lamb Gottes vnschuldig, à 5.
64. O Licht heilig Dreyfaltigkeit, à 4.
65. O Mensch bewein dein Sünde gros, à 4.
66. O Ihr alle die ihr euch im Herrn vereiniget, à 3.
67. Paſsion, deutsch.
68. *Kneffelij*: Surrexit Christus hodie, à 5.
69. Surrexit Christus hodie.
70. Salve festa Dies toto venerabilis aevo, à 4.
71. Von Gott wil ich nicht lassen, à 4.
72. Vita sanctorum Decus Angelorum.
73. Wir wollen singen heut für allen Dingen, à 3.

Teil 3.

1. Ach mein hertzliebstes Jesulein, à 4.
2. Am Sabbath frü Marien drey, à 4.
3. Agimus tibi gratias, à 4.
4. Adsunt festa jubilaea, à 4.
5. Ascendit Christus hodie, à 4.
6. Age nunc parve puer, à 4.
7. Cunae Genethliacae *Joan. Lindemanni*: Congratulamini cum jubilo, à 5.
8. Christus deſs weibes same, à 5.
9. Cum triumpho aſcendit in coelum, à 4.
10. Daſs alte Jahr vergangen ist, à 4.
11. Der May der May bringt vnſs gar viel, à 5.
12. Der Herr ist mein hirtt, à 6.
13. Du Sündrin wiltu mit, à 4.
14. Das noch viel menschen werden, à 4.
15. Dum tibi vernat puerilis aetas, à 3.
16. Erstanden ist der heilge Christ, à 4.
17. Ex legis obſervantia, à 4.
18. Frisch auf singet alle gebt nicht raum, à 5.
19. Grates dicamus Christo Redemtori, à 5.
20. Heut triumphiret Gottes Sohn, à 4.
21. Hört ihr liebsten Kinderlein, à 4.
22. *Meilandi*: In exitu Israel de Aegypto, à 5.
23. In exitu Israel de Aegypto, à 4.
24. *Gregorij Langij*: Ich wil deſs Herren Zorn tragen, à 5.
25. Jesu wolst vnſs weisen, à 5.
26. In dir ist frewde in allem leide, à 5.
27. *Thomas Fritsch*: Justus germinabit sicut lilium, à 5.
28. *Orlandi*: Magnificat à 6 Super Naſce la pena mia.
29. Nun ist es Zeit zu singen hell, à 4.
30. Pater noster, qui es in coelis, à 4.
31. Parvulus nobis naſcitur, à 4.

32. Quaerite primum regnum dei, à 4.
33. Surrexit Christus hodie, à 4 (2 mal mit versch. Melod. ohne Verf.)
34. *Christoph. Erbachij*: Surrexit Christus hodie, à 5.
35. *Gesij*: Surrexit Christus hodie, à 4.
36. Spiritus sancti gratia, à 4.
37. Tulerunt dominum meum, à 5.
38. Vnſs ist ein kindlein heut geborn, à 4.
39. Verzage nicht o frommer Christ, à 4.
40. *Hasleri*: Verbum caro factum est, à 6.
41. Wolauf ihr Musicanten, à 5.
42. Wir Christenleut habn itzundt freudt, à 4.
43. Zion spricht, der Herr hat mich verlassen, à 5.
44. Joseph in Aegypten verkauffet ward, à 4.
45. In natali Domini, à 4.
46. Ihr alten pflegt zu sagen, à 4.

Teil 4 (für die 12 achtstimmigen Gesänge fehlen VII. u. VIII. vox.).

1. Angelus ad pastores ait, à 5.
2. *Jacobi Händl*: Alleluja, à 8.
3. Cantate Domino canticum novum, à 6.
4. *Formellij*: Cantate Domino canticum novum, à 6.
5. *Orlandi*: Credidi propter quod locutus sum, à 5.
6. Domine Jesu Christe, non sum dignus, à 6.
7. *Orlandi*: Deus in adjutorium meum intende, à 6.
8. „ Deus misereatur nostri, à 8.
9. „ Domine Dominus noster, à 6.
10. *Händelij*: Domine quando veneris judicare, à 6.
11. Emendemus in melius, à 5.
12. *Orlandi*: Exultate justi in Domino, à 6.
13. Ego rogabo Patrem et alium Paracletum, à 6.
14. *Johannis Nucis Abbatis Gemielnicenſis*: Ecce quam bonum et quam jucundum, à 6.
15. *Gregor. Langij*: Et reſpondens Jeſus dixit illis, à 5.
16. *Handelij*: Gloria tibi Trinitas, à 8. (Am Schl. d. Bem. Ao. 1612 die Johannis Euangelistae.)
17. Gott ist mein licht vnd Seligkeit, à 5.
18. Hieruſalem luge, à 5.
19. *Constantinus Festa*: Hieruſalem quae occidis Prophetas, à 5.
20. *Händl*: Hodie nobis coelorum rex, à 8.
21. *Ruggieri Giouanelli*: Jubilate Deo omnis terra, à 8.
22. *Hannibal Stabilis*: Kyrie eleiſon, à 8.
23. Hilf Gott daſs mir gelinge, à 4.
24. Da Jesus an dem Chreuze stund, à 4.
25. *Hasleri*: Laudate pueri Dominum, à 8.
26. *Orlandi*: Nuptiae factae funt in Cana, à 6.
27. *Gesij*: Nun frewt euch Gottes kinder all, à 4.
28. *Orlandi*: Nunc dimittis ſervum tuum, à 6.

29. *Jac. Meilandi*: Non auferetur sceptrum de Juda, à 6. (Scr. 10. Jan. 1625 à Tob. Schönf.)
30. *Orlandi*: O decus celſi genus atque coeli nate, à 6.
31. *Johan. Petri Aloisij* (Palestrina): O Domine Jesu Christo, adoro te, à 6.
32. *Geminiani Capi Lupi*: Omnes gentes plaudite, à 8.
33. Palſio Dom. nostri fecundum Matthaeum, à 6. (Ao. 1613 in die profesto Pentecostes.)
34. Puer natus est nobis, à 5.
35. *Händelij*: Qvid admiramini, à 8.
36. „ Qvam dilecta tabernacula tua, à 8.
37. „ Qvid gloriaris in malitia, à 6.
38. „ Repleatur os meum, à 5.
39. Surrexit paſtor bonus, à 5.
40. *Foelicis Anerij*: Tibi laus, tibi gloria, à 8.
41. *Palladij*: Vespera nunc venit, à 6.
42. Wir Christenleutt habn itzundt frewd, à 4.
43. *Jacobi Galli*: Veniet tempus in quo salvabitur, à 8.
44. *Gesij*: Pange lingua gloriosi, à 4.

19. Nr. 50. 8 Stb. in kl. hoch 8°. C. (à 86 Bl.) A. T. B. chori I. u. C. A. T. B. chori II. Etwa das letzte Drittel von einer 2. Hand. Ohne Index.

1. *Gesij*: Palſio Domini nostri Jeſu Chriſti fec. Mattheum, à 4.
2. Vexilla Regis prodeunt, à 4.
3. Miſerere mei DEUS: Secundum magnam miſericordiam tuam, à 4.
4. *Christ. Demantſius]*: Magnificat 5. Toni. à 4.
5. *P. H.* (Paul Hallmann): Magnificat 5. Toni, à 6.
6. Bewahr mich Herr, thu mir zur rettung kommen. 12 Ps., à 4.
7. Ich bin der Blumen eine, à 4.
8. *Calvisii*: Es wolt vnns Gott genädig sein, à 4.
9. Mag ich vnglück nicht wieder stahn, à 4.
10. Dies absoluti praetereunt, à 4.
11. *Orlandi*: Deus miſereatur nostri et benedicat nobis, à 8.
12. Meine Seel mit allem fleiſse, à 4. Ps. 146.
13. *Orlandi*: Tristis est anima mea, à 5.
14. Wer in gutter hoffnung wil, à 4.
15. O Domine Jesu Christe adoro te in cruce vulneratum, à 8.
16. *Orlandi*: Dixit Joseph vndecim fratribus, à 6.

Die sieben Buſspsalmen:

17. 1. In deinem groſsen Jahren. Ps. 6,
18. 2. O Seelig mus ich diesen menschen Preisen. Ps. 32,
19. 3. Herr zur Zucht in deinem grimme. Ps. 38,
20. 4. Herr Gott nach deiner groſsen güttigkeit. Ps. 51, } à 4.
21. 5. Mein Gebeth o Herr erhöre. Ps. 102,
22. 6. Zu dier von Herzen grunde. Ps. 130,
23. 7. Erhör o Herr mein Biet vnndt flehen. Ps. 143,
24. Cum barbaris de finibus Phari, Ps. 114, à 4.

25. Fürwar nun Israell wol sagen kan. Ps. 124, à 4.
26. O Gott der du ein Heer fürst bist. Ps. 84, à 4.
27. O Herr hoch in des himmels throne, à 4.
28. Hielff Gott mein Herr, wie kombts doch her, à 4.
29. Pater noster qui es in coelis, à 5.
30. *Praetorii*: Omnes gentes plaudite, à 8.
31. *Handeli*: Quam dilecta tabernacula tua, à 8.
32. *Johan Eccart*: Gen himmell farth der Herre Christ, à 4.
33. Dum complerentur dies Pentecostes, à 8.
34. *Felicis Anerii*: Tibi laus tibi gloria, à 8.
35. Gloria tibi Trinitas, à 8.
36. *Hafsler*: Tibi laus tibi gloria, à 8.
37. Veni in hortum meum Soror mea fponsa, à 8.
38. *H. Praetorii*: Puer qui natus est plus quam Propheta est, à 8.
39. *Heinrici Pfendneri*: Puer qui natus est plus quam Propheta est, à 5.
40. *Joh. Leo. Hasleri*: Inter natos mulierum non furrexit, à 4.
41. *Camilli Zanotti*: In tribulatione dilatasti mihi, à 8.
42. *Gesii*: Vergebens ist all müh vnd kost, à 4.
43. O höchster Gott o Vnser Lieber Herre, à 4. Ps. 8.
44. *M. Franck*: Ach Gott vnd Herr wie grofs vnd schwer, à 5.
45. *Joh. L. Hasl*: Alleluja Laudem dicite Deo noftro, Mot. à 5.

20. Nr. 52. 6 Stb. in quer 4° von verschiedenen Händen. Am Anfange der einzelnen Stb. (nicht in VI), alphabet. Indices.

1. *Joh. H. Schein*: Allein Gott in der höh sey Ehr, à 5.
2. *Melch. Frank*: Ach Gott vnd Herr wie grofs vnd schwer, à 4.
3. Christe der du bist tag vnd licht ⎫
4. Christe der du bist tag vnd licht ⎬ à 4.
5. Christe der du bist tag vnd licht ⎪
6. Christe der du bist tag vnd licht ⎭
7. *M. L. H.*: Christ der du bist der helle tag, à 4.
8. *P. H.* (Paul Hallmann): Da pacem Domine, à 4.
9. *Joh. Herm. Schein*: Durch Adams Fall ist ganz verterbt, à 4.
10. *Salomon Schön*: Diefs ist der Tag, den der Herr gemacht hat, à 6.
11. Dafs Volck aber das vorging vnd nachfolget, à 4.
12. Defs heylgen Geistes reiche gnadt, à 4.
13. Da Christ sein Jünger hat gespeist, à 4.
14. Du schöpffer aller ding vndt herr, à 4.
15. Defs Königs fahn man fliehen sieht, à 4.
16. Deus creator omnium, à 4.
17. Denck mensch wie dich dein Heyland liebet, à 4.
18. Dum tibi vernat puerilis aetas, à 4.
19. Dich grüfsen wir o Jesulein, à 5.
20. Du Junger Knabe der dier grünt, à 4.
21. *Eberti*: Du Friedenfürst Herr Jesu Christ, à 4.
22. Du Friedenfürst Herr Jesu Christ, à 4.
23. *Gesij*: Efs ist das Heil unfs kommen her, à 5.

24. *Gregori Langi*: Et respondens Jesus dixit illis, à 5.
25. *Kneffeli*: Erstanden ist der heylige Christ, à 6.
26. Erhalt vns herr bey deinem Wort, à 4.
27. Er ist der weg, das licht, die Pfort, à 4.
28. Es war ein gottfürchtiges Jungfrawlein, à 4. In Festo S. Dorotheae.
29. *Joannetto da Palestrina*: Festivai colli, à 5.
30. *Carol. Luyton*: Fulgete cooli Sydera, à 5.
31. *Phil. Zindelin*: Facta est cum Angelo multitudo coelestis exercitus, à 4.
32. Für Frewden laſt vnſs springen, à 5.
33. Fortis Deorum Jova rex Deus, Ps. 50.
34. Gelobt sey Gott der mein Hand lehret streiten, Ps. 144, à 4.
35. Gegrüſset sey der tag, à 4.
36. Gott Vater herr im himmelreich, à 5.
37. Gegrüſt seistu o Jesulein, à 5.
38. *Joh. Eccardus Mulhuſinus*: Gen himmel zu dem Vater mein, à 5.
39. *Matth. Apellis*: Herr hebe an zu segnen das Hauſs, à 4.
40. *Joh. Herm. Schein*: Hymnus: Veni creator Spiritus, à 4.
41. Hör vnd merck lieber Martialis eben, à 4.
42. Hielff Gott mein Herr, wie kompts doch her, à 4.
43. *Calviſij*: Jam maesta quiesce querela, à 4.
44. *G. Haupt*: In nomine Jesu omne genu flectatur, à 5.
45. *O. D. N.*: Ich dancke dir Herr Gott in deinem Throne, à 4.
46. *Barth. Geſij*: In dich hab ich gehoffet Herr, à 4. Ps. 30.
47. *Melch. Vulp*: Ich bin eine Stimme eines Rufferſs in der Wüsten, à 4.
48. Joseph war da, wo ist das neugeborne Kindelein, à 6.
49. In exitu Israel de Aegypto, à 4.
50. *Joh. Herm. Schein*: Komm heyliger Geist, Herre Gott, à 4.
51. *Ant. Holtzner*: Kyrie eleison, à 5. Supra Partirò dunque.
52. Kyrie eleison, à 5.
53. *August. Platner*: Kyrie eleison, à 8. De Fortuna.
54. Kyrie eleison, à 5.
55. *Antonio Holtznero*: Kyrie eleison, à 6.
56. Lobe den herrn meine Seele und vergiſs nicht, à 5.
57. Laetamini in Domino, à 4.
58. Laudate pueri Dominum, Ps. 113, à 4.
59. Laſs vns Preisen Gottes wolthat, à 4.
60. Mag ich Vnglück nicht wiederstahn, à 4.
61. Mein Zung nu frölich singe, à 4.
62. *Aleſsandro Striggio*: Naſcela pena mia, a 6.
63. *B. Geſij*: Nu laſt vns Gott dem Herren dancksagen, à 4.
64. Nu kom der heyden hoyland, à 5.
65. Nunc Angelorum gloria, à 4.
66. O Licht heylig dreyfaltigkeit, à 4.
67. O Mensch bedenck zu dieser frist, à 4.
68. Pange lingua glorioſi proelium certaminis. Hymnus Fortunati, à 4.
69. Quem pastores laudavere, à 4.
70. *Joh. Herm. Schein*: Spiritus Sancti gratia, à 4.
71. *M. Vulp*: Siehe ich sende meinen Engel für dir her, à 4.

72. Singen wir frölich alle sambt, à 4.
73. Seht heut an wie der Mefsias Christus auff einem Esel safs, à 4.
74. Summam quae doceant salutis haec sunt, à 4.
75. *Gregori Langi*: Tota pulchra es amica mea, à 5.
76. *Jacobi de Kerle*: Te aeternum patrem omnis terra veneratur, à 5.
77. Tunc Jefus subductus fuit in defertum, à 4.
78. Von Gott wiel ich nicht lafsen, à 4.
79. Vitam quae faciunt beatiorem, à 4.
80. *Paull. Hallman:* Wer in gutter hoffnung will, à 4.
81. *Gefij:* Wenn wir in höchsten nöthen sein, à 5.
82. *Joh. Herm. Schein:* Wir glauben all an einen Gott, à 4.
83. *Hans Leo Hafsler:* „ „ „ „ „ „ à 4.
84. *Barth. Gefij:* (zweimal) Wir glauben all an einen Gott, à 4.
85. Wir glauben all an einen Gott, à 4.
86. Wir wollen singen heutt für allen Dingen, à 3.
87. *Salomon Schön:* Wie lieblich sind deine Wohnungen, à 6.
88. *Melch. Vulpi:* Warlich ich sage euch, bifs dafs es allefs geschehe, à 4.
89. *P. H.:* Wer sich wieder die Obrigkeit setzet, à 5.
90. Wenn mein stündlein vorhanden ist, à 4.
91. Wolan so kommet her ihr Fromen, à 4.
92. *B. Gefij:* Was mein Gott wil, das gescheh allzeit, à 4.
93. Was mein Gott wil, das gescheh allzeit, à 4.
94. Zu dieses Lämmleins Osterspeifs, à 4.
95. Defs Nachts in meinem Bette. C. A. B. Viol. I. II. (Einziges weltliches Lied.)

21. No. 56. 5 Stb. in quer 4° von verschiedenen Händen. Ohne Index.

1. *Gefij:* Rorate coeli, à 4.
2. Rorate coeli, à 4.
3. Kyrie fons bonitatis.
4. Laudate Dominum omnes gentes. (2mal mit versch. Melodie.)
5. Fit porta Chrifti pervia.
6. Salve festa dies toto venerabilis aevo. In die Paschalis.
7. *Gefij:* Refurrexi et adhuc tecum fum, à 4.
8. „ Kyrie eleyfon, à 4.
9. Pafcha noftrum immolatus eft Chriftus. Graduale, à 4.
10. *Gefij:* Victimae pafchali laudes immolent Chriftiani, à 4.
11. „ Domine ad adjuvandum me feftina.
12. Dixit Dominus Domino meo, Ps. 110.
13. Confitebor tibi Domine, Ps. 111.
14. In exitu Ifrael de Aegypto.
15. Et valde mane una Sabbatorum veniunt.
16. Vita fanctorum decus Angelorum, Hymnus à 4.
17. *Demantij:* Et exultavit Spiritus meus 8. toni, à 4.
18. *Gefij:* Viri Galilaei Quid admiramini, à 4.
19. „ Feftum nunc celebre magnaque gaudia, Hymnus à 4.
20. „ Spiritus Domini Replevit orbem, à 4.
21. „ Veni Sancte Spiritus, à 4.
22. *Simonis Lyrae:* Veni Creator Spiritus. Hymnus, à 5.

23. *Gefij:* Benedicta fit Sancta Trinitas, à 4.
24. O lux beata Trinitas, Hymnus à 4.
25. De uentre matris meae vocavit me Dominus, à 4.
26. Kyrie eleifon Mifsa, à 4.
27. Benedictus Dominus Deus Ifrael, à 4. Canticum Zachariae.
28. Aeterno gratias Patri omnes canant Ecclefiae. Hymnus à 4.
29. Magnificat secundi Toni, à 4.
30. Gaudeamus omnes in Domino. Introit. à 4.
31. Benedicite Domino omnes Angeli, à 4.
32. *H. Praetorii:* Kyrie fuper factum eft filentium in coelo, à 5.
33. *Pr.* Kyrie, à 5. (2 versch.)
34. Dicimus grates tibi fumme rerum, à 4.
35. Veni redemptor gentium. Hymn. à 4.
36. *P. H.:* A folis ortus Cardine. Hymn. à 4.
37. Hoftis Herodes impie. Hymn. à 4.
38. Puer natus eft nobis, à 4. Introit.
39. Ecce adveniet Dominator Dominus, à 4. Introit.
40. Kyrie. Mifsa fuper Sidere claro, à 5.
41. Mittit ad virginem, à 4.
42. *Gefij:* Grates nunc omnes reddamus Domino.

22. No. 19. 1 Vol. in gr. Fol. Die Bll. mit Notenschrift sind paginiert von 7—174. Vorher 2 Bll. mit dem alphabetisch geordneten Index. Texte vollständig. Grofse schöne Schrift von derselben Hand. In der Notation stehen die einzelnen Stimmen teils untereinander wie in der heutigen Partitur, teils auf den gegenüberliegenden Seiten unter- und gegeneinander. Es folgt der Index mit den entsprechenden Zusätzen aus der Notenschrift:

1. Aufs Zion dir geschieht grofs ehre, à 4.
2. Allein got in der höh sei ehr, à 4.
3. Allein zu dir Herr Jesu Christ, à 4.
4. Asperges me Domine, à 4.
5. Ave Maria gratia plena, à 4.
6. *Paulus Preschnerus:* Alfo hat got die welt geliebt, à 5.
7. Benedicamus Domino, à 4.
8. Benedicta fit S. Trinitas, à 4.
9. Benedicam Domino, à 5.
10. Beata es virgo Maria, à 4.
11. Bewahr mich Herr, à 4.
12. Cum ignoremus, à 4.
13. Christe fili Dei vivi.
14. Confitebor tibi Domine, à 4.
15. *Antonii Scandelli:* Christus verò langvores nostras tulit, à 5. Cygnaea Cantio.
16. Confitemini Domino, à 5.
17. Cum invocarem exaudivit, à 6.
18. Cantate Domino canticum novum, à 6.
19. Credidi propter quod locutus, à 5.

22. No. 19.

20. Deo gratias, à 4.
21. Durch Adams Fall ist ganz verderbt, à 4.
22. Die Himmel alzumahl, à 4.
23. Domine Rex pater J. Christi.
24. Deus in adiutorium meum, à 5.
25. Deus noster refugium et virtus, à 4.
26. Domine Jesu Christe respicere, à 5.
27. Deus in adiutorium, à 4.
28. Es stehn für gottes throne, à 4.
29. Erbarm dich mein o herre got, à 4.
30. Es ist das heil vns kommen her, à 4.
31. Gloria tibi Trinitas.
32. Gratias agimus tibi, à 4.
33. Gustate et videte, à 5.
34. Grates nunc omnes, à 4.
35. Herr zur zucht in deinem grimme, à 4.
36. Herr got nach deiner grofsen güttigkeit, à 4.
37. Haec est dies qvam fecit Dominus, à 4.
38. Hi sunt qvos habuimus aliqvando, à 5.
39. In deinem grofsen zoren, à 4.
40. Ich ruff zu dir Herr Jesu Christ, à 4.
41. Intonationes octo Tonorum, à 4.
42.   „   „   „   à 5. (nach den 8 Kirchentönen. Sämtl. Intonat. in faux bourdons).
43. In me transierunt irae tuae, à 5.
44. In labore reqvies.
45. In convertendo, à 6.
46. Ich ruff zu dir Herr J. Christ, à 5.
47. Kompt her zu mir, spricht Gottes Sohn, à 4.
48. Lobet got in himmelreich, à 4.
49. Lafs mich Herr dein götliches wort, à 4. Pfaltzgraffen Ludwigs Liedt.
50. Lob sei dem almechtigen gott, à 4.
51. Locutus sum in lingva mea à 5.
52. Mensch wiltu leben stetiglich, à 4.
53. Mein hütter vnnd mein hirt ist got, à 4.
54. Miserere mei Deus, à 4. in faux bourdons.
55. *Horatius Vecchius:* Misericordias Domini, à 4.
56. Magnificat primi Toni, à 4.
57.   „   4 ti   „   à 4.
58.   „   8 tavi „   à 4.
59. Nu freud euch Gottes Kinder all, à 4.
60. Nun lob mein Seel den Herrn, à 4. Ps. 102. 103.
61. „ „ „ „ „ „ à 4.
62. Nun laſt vns got dem Herren dancksagen, à 4.
63. Nun freud euch lieben Christen gemein, à 4.
64. Nolite qvaerere qvid esuri sitis, à 4.
65. Nu kom der Heyden Heyland, à 4.
66. Non potest arbor bona fructus malos facere.

67. O höchster got o vnser lieber herre, à 4.
68. O welt ich muſs dich laſsen, à 4.
69. Omnia quae fecisti, à 5.
70. Omnes sitientes venite, à 5.
71. O Domine J. Christe adoro te, à 4.
72. O altitudo Divitiarum, à 6.
73. O rex gentium, à 6.
74. Peccantem me qvotidie, à 4.
75. Pacem tuam quaesumus Domine.
76. Pater peccavi, à 4.
77. Puer natus in Bethlehem, à 4.
78. *Melch. Vulp[ius]:* Rorate coeli desuper, à 4.
79. Sangvine proprio nos redemisti, à 4.
80. Surrexit Dominus de sepulchro, à 4.
81. Sicut mater consolatur, à 5.
82. Stabunt Justi, à 5.
83. *Johan Knefel:* Sic Devs dilexit mundum, à 5.
84. Servite Domino.
85. Te aeternum patrem omnis terra veneratur, à 5.
86. Te Deum laudamus, à 6.
87. Tribularer, si neſcirem, à 5.
88. Te Devm laudamus, à 5.
89. *Orlandus [Lassus]:* Tibi laus tibi gloria, à 5.
90. Te invocamus.
91. Vater vnser im himmelreich, à 4.
92. Verbum supernum prodiens.
93. Vota mea Domino reddam, à 5.
94. Vigila ſuper nos.
95. Videns Jacob vestimenta Joseph, à 5.
96. *Gregor. Lange:* Veni Sancte Spiritus, à 5.
97. Wie lieblich ist die Sommerzeit, à 4.
98. Wer nicht mit den gotlosen geht, à 4.
99. Wehr Gott nicht mit vns diese zeit, à 4. Ps. 124.
100. Wie nach einem waſser quelle, à 4. Ps. 42.
101. Wenn mein stündlein vorhanden, à 4.
102. Zu dir von herzen grunde, à 4. Ps. 130.

In No. 19 liegt ein einzelnes Bl. in Fol. aus bedeutend älterer Zeit. Auf der einen Seite mit Mensuralnoten der einstimmige Gesang: »O Jesu Christe qui es sapientia ſempiterna«. Am Schluss steht »1543 Die Bricti« (= 13. Nov.). Auf der anderen Seite in italienischen Noten: »Kyrie eleyſon. Herr Gott vatter ym himel Erbarm dich vber vns«.

23. No. 53. 8 Stb. in quer 4° von verschiedenen Händen. Ohne Indices. Texte vollständig.

1. Hosianna dem Sohne Davids, à 5.
2. Parvulus nobis naſcitur, à 4.
3. Reſonet in laudibus, à 5.
4. Seyd fröhlich vnd Jubiliret, à 5.

5. Jesu nu sey gepreiset, à 4.
6. *Thomas Fritsch*: Jesu nu sey gepreiset, à 6.
7. Dafs alte Jahr ist nun dahin, à 4.
8. Ex legis obfervantia, à 4.
9. Ein Engel schon aufs Gottefs thron, à 4.
10. Heut triumphiret Gottefs Sohn, à 6.
11. *Jac. Meilandi*: In exitu Israel de Aegypto, à 5.
12. *Joachimo Burgck*: Der Heiland ist erstanden, à 4.
13. Der Lentz ist vnfs des Jahrefs erste quatier, à 4.
14. Afcendit Chriftus hodie, à 4.
15. *Johan. Eccard*: Gen Himmel ferth der Herre Christ, à 4.
16. Defs heiligen Geiftefs reiche gnad, à 4.
17. *Simonis Lyrae*: Veni creator spiritus Hymnus, à 5.
18. *Gefij*: Gott der Vater wohn unfs bey, à 4.
19. „ Nu lob mein Seel den Herrn, à 4.
20. „ Herr Christ der einig Gottes Sohn, à 4.
21. *Joachimi à Burgk*: Efs stehn für Gottes Throne, à 4.
22. Da die Zeit erfüllet war, à 4.
23. Erhalt uns Herr bey deinem Wort, à 4.
24. *Handl*: Quid admiramini, à 8.
25. *Clavii*: Hodie natus est Salvator, à 8.
26. *Henrici Pfendneri*: Quem vidistis pastores dicite, à 6.
27. Mein Gott, mein Gott, ach wie verftöftu mich, Ps. 22, à 4.
28. Selig ist der gepreifet, Ps. 128, à 4.
29. *Orlandi*: Angelus ad Paftores ait, à 5.
30. *Joach. à Burck*: Nu ist es Zeit zu singen hell, à 4.
31. *Carl Luyton*: Fulgete coeli Sydera, à 5.
32. *P. H.*: Wafs fürchftu Feind Herodefs sehr. Hymnus à 4.
33. *Gregori Langi*: Tota Pulchra es amica mea, à 5.
34. *Joh. Leo. Hafl*: Verbum caro factum est, à 6.
35. *Gesij*: Saulus vmbs gesetz eifert gar sehr, à 4.
36. Dafs schiflein Christi mit Wellen bedeck, à 5.
37. Da Christus gebohren war, à 4.
38. Hielff Gott mein Herr, wie kombts doch her, à 4.
39. *Gefij*: Vom Himmel kam der Engel Schaar, à 4.
40. *Melch. Vulpii*: Da traten die Jünger zu Jesu, à 4.
41. *Landgraff Moritz*: Im Frieden dein o Herre mein, à 4.
42. *Barth. Gefij*: Efs ist dafs Heil vnfs kommen her, à 5.
43. Efs war ein Gottfürchtiges vnd Christlich. Jungfrewlein, à 4. In fefto S. Dorotheae.
44. *Gefij*: Efs spricht der Vnweisen Mund wol, à 4.
45. *Barth. Gefij*: Ach lieben Christen seyd getrost, à 4.
46. *Gefij*: Ich ruff zu dir Herr Jesu Christ, à 4.

24. No. 58. 8 Stb. in 4° von verschiedenen Händen. Ohne Index. In 4 Abteilungen, die durch eine gröfsere Anzahl leerer Bll. von einander getrennt sind. Der I. Teil enthält:

1. *Handl*: Quid admiramini, à 8.
2. *Jac. Handl*: Cor meum et caro mea, à 8.

3. *Jac. Handl*: Laus et perhennis gloria, à 8.
4. *Joan. Leo. Hafler*: Omnes gentes plaudite, à 8.
5. *Johann. Hasler*: Gaudete filiae, à 8.
6. *Hannibal Stabilis*: Kyrie eleison, à 8.
7. *Barth. Gefius*: Benedicat tibi Dominus, à 8.
8. Proelia funt belli, à 8.
9. *Jacobus Handl*: Hodie natus eft falvator mundi, à 8.
10. *Barth. Gefius*: Dafs alte Jhar ist nun vergahn, à 8.
11. Dafs alte Jar vergangen ist, à 12.
12. *Nicolaus Zangius*: Dilectus meus mihi, à 10.
13. *Zangius*: Laudate Dominum in fanctis eius, à 20.
14. Echo quid refonas, à 10. Echo ad Ducem Joannem Christianum.
15. Huc ades et noftris comitem te plausibus adde, à 10. Echo ad Ducem Carolum.
16. Laeta quid ore canis, à 10. Echo ad Ducem Georgium Rudolphum.
17. *Joh. Leo. Hasleri*: Si bona suscepimus, à 6.
18. *Vulpij*: Pater noster qui es in coelis, à 5.
19. *Afcanii Trombetti*: Paratum cor meum, cantabo, à 5.
20. *Burchardi Lüders*: Surge propera amica mea, à 5.
21. *Hartmannus*: Laudate nomen domini, à 5.
22. *Thom. Elsbeth*: Vidi dominum facie ad faciem, à 5.
23. „ Legem pone mihi Domine, à 5.
24. Fac mecum fignum in bonum.
25. *Thom. Elsbeth*: Complacuit Domino in te, à 5.
26. „ Commenda domino viam tuam, à 5.
27. Magna fecit mecum dominus, à 5.
28. *Thom. Elsbeth*: Nil vigili praeftat mentem marcefcere, à 5.
29. *Walliferi*: Nunc finguli laetemini, à 5.
30. „ Laetus age aligeri heroes, à 5.
31. „ Jo sodales coetus vigebit noster, à 5.
32. *Jac. Handelij*: Veniet tempus, à 8.
33. *Melchior Franck*: Mein freund komme in seinen garten, à 8.

Teil II.

34. *Formelij*: Cantate Domino canticum novum, à 6.
35. *Orlandus*: Dixit Joseph undecim fratribus, à 6.
36. *Joan. Bafsaini*: Dic nobis Maria, à 6.
37. *Claudi. Merula*: Jubilate Deo omnis terra, à 6.
38. *Hypolito Baccufi*: Si bona fuscepimus, à 6.
39. *Joan. Gabriel*: Cantate Domino canticum novum, à 6.
40. Beatus vir qui suffert tentationem, à 6.
41. Wer seinen Vater Ehret, defs sündt wirdt gott nit strafen, à 6.
42. Ein Tugentsames weib dafs ist ein edle gabe, à 6.
43. Wol deme, der aufs gotes rath, à 6.
44. Io fon reftato qui fconsolatto, à 6.
45. Tant nous alez doulx guillemette, à 6.
46. *Alefs. Strigio*: Nafcela pena mia, à 6.
47. *Jac. Handl*: Haec est dies quam fecit dominus, à 6.
48. *Ifaac Praetorius*: Qui fers chriftum permagnum mare, à 6.

49. Erhalt vnſs herr bey deinem wort, à 6.
50. *Christian. Boſselius Pommeranus*: Herr deine Gerechtigkeit ist hoch, à 6.
51. Heut hat der Siegesfürst, à 6.

Teil III.

52. Maria Magdalena et altera Maria, à 5.
53. *Meilandi*: Thomas qui dicitur didymus non erat cum eis, à 5.
54. Maria Virgo regia de radice Jeſsae, à 5.
55. Nunc dimittis feruum tuum, à 5.
56. Ecce anuncio uobis gaudium magnum, 5 voc.
57. O crux aue, aue spes unica, 5 voc.
58. *Haſler*: Alleluia laudem dicite deo nostro, à 5.
59. Tranſeunte domino clamabat coecus ad cum, 5 voc.
60. *Gianeto Palestrina*: Veſtiuai colli le campagn' in torno, à 5.
61. *Horati Vechi*: Che comanda stabevanda naſc' al monte, 5 v.
62. A lieta uita amor in Vita, 5 voc.
63. Dispenſier in penſier jouo penſando, à 5. Quodlibet.
64. *Iuo de Vento*: Ich stund an einem Morgen, à 5.
65. Der may kompt nu geschwinde, 5 voc.
66. *Nicol. Zangius*: Ey du kluge Henne, à 5.
67. *Gregor Lange*: Da Jesus an dem Kreutze stund, à 5.
68. *Haſler*: An waſserflüſsen Babilon, à 5.
69. Eſs spricht der unweisen mund wol, 5 voc.
70. Ich ruf zu Dir Herr Jesu Christ, 5 voc.
71. Nu lob mein Sel den Herrn, 5 voc.
72. Lobet heut Marien Sönelein, 5 voc.
73. Nu bitten wir den heiligen Geist, 5 voc.
74. Gotes Sohn ist mensch geborn, 5 voc.
75. Englische Paduane, à 5.
76. Galliarda, à 5.
77. *Joan Groh*: Paduan, à 5.
78. *Lachrymae*: Paduan, à 5.
79. Geh deinen Weg, auf rechtem steg, à 5.
80. *Jacobus de Wert*: Egreſsus Jesus seceſsit in partes Tyri, à 7.

Teil IV.

81. Heret daſs leiden vnserſs H. Jesu Christi auſs dem Ewangelisten Joanne, à 4.
82. Paſsio domini noſstri Jeſu Chriſti secundum Matheum.
83. Laudate pueri, à 4. Quodlibet.
84. Rex regum diues in omnes nos, à 4.
85. Christ ist erstanden, 4 voc.
86. O Herre Gott mein not thue ich dir klagen, 4 voc.
87. *Abraham Meiſner*: Ich hert die Engel singen, à 4.
88. *Georgius Leuschner*: Ach edleſs bilt biſs nit so wilt, à 4.
89. Herr für mich in dein heiligtum, 4 voc.
90. Heut hat des weibs same Jesu Christ, 4 voc.
91. Der Heilandt ist erstanden, 4 voc.

25. No. 69. 8 Stb. in quer 4°. Geordnet nach den Festen des Kirchenjahres. Von derselben Hand sehr sorgfältig geschrieben. Zwischen den einzelnen Nummern ist der Gang des betreffenden Gottesdienstes genau angegeben; die hierbei mit aufgeführten kurzen Zwischengesänge werden unten nicht mit aufgezählt.

1. Treuffelt ihr himmel von oben, à 5. (Rorate coeli.) Introitus in Festo Adventus Dom.
2. *Handelij*: Missa super Jerusalem gaude. Deutsch, à 6.
3. *Gesij*: Menschenkind merck eben, à 4.
4. *Handelij*: Jerusalem jauchze mit grosser freude, à 6. Motета.
5. Hosianna dem Sohne David, à 5.
6. *P. H.*: Heilig ist Gott der Herr Zebaoth, à 4.
7. Der Herr sprach zu meinem herren, Ps. 110, à 4.
8. *Gesij*: Nu kom der Heyden Heyland, à 4.
9. „   Gottes Sohn ist kommen, à 4.
10. Magnificat 5. Toni. Deutsch, à 4.
11. Ein Kind ist vns gebohren, à 6. Introitus In F. Nativ.
12. Missa, à 6.
13. Ein Kind ist vnfs gebohren heut, à 4.
14. Vnd das wort ist fleisch worden, à 6. Mot.
15. Vns ist gebohren ein Kindelein, à 4.
16. Christum wir sollen loben schon, à 5.
17. Von Himmel hoch da kom ich her, à 5.
18. *Orlandi*: Magnificat quinti Toni, à 5.
19. Singet frisch vnd wolgemuth, à 5.
20. Gebohren ist vns heut der Heyland der welt, à 8. Introit. Am Newen Jahrstage.
21. *Weifsensee*: Dafs Newgeborne Kindelein, à 8. Mot.
22. Jesu nu sey gepreiset, à 4.
23. *Fritzschij*: Jesu nu sey gepreiset, à 6.
24. Magnificat 5. Toni. Deutsch, à 6.
25. *Orlandi*: Ein Stern vom Hohen Himmel vns gegeben, à 5. (Sydus ex claro.)
26. Nu lafst vns alle frölich sein, à 4.
27. Das alte Jahr ist nun dahin, à 4.
28. Was fürchst du feind Herodes sehr, à 5.
29. Wir Christenleut habn itzund frewd, à 4.
30. Nu lasset du herre in fried hinfahren, à 5. Mot.
31. Für frewden last vns springen, à 5.
32. Wie im gesetz geschrieben steht, à 4.
33. Herr Christ dein Zukunft in die Welt, à 4.
34. Lobet heut Marien Söhnelein, à 5.
35. Magnificat 5. Toni, à 4. (2 mal.)
36. Kyrie super Ne timeas Maria, à 5.
37. Diefs ist der tag, den der Herr gemacht hat, à 8. Mot.
38. Da die Zeit erfüllet war, à 4.
39. Ein Engel schon aus Gottes Thron, à 4.
40. Lob sey dem allmächtigen Gott, à 4.

25. No. 69.

41. Wiellkommen wehrte Zeit, à 4.
42. Christus ist auferstanden, à 5. Introit. Refurrexit.
43. *P. H.*: Mifsa, à 5.
44. Christus ist erstanden, à 4.
45. Jesus Christus vnser Heyland, à 5.
46. Heut triumphiret Gottes Sohn, à 6.
47. Kyrie Pafchale, à 5.
48. Der Herr sprach zu meinem herrn, Ps. 110, à 4.
49. Da Israel zog aus Egyptenland, à 4. Ps. 114.
50. Da der Sabbath vergangen war, Mot. à 8.
51. Christe, der Engel Zier, der du das leben, à 4.
52. *Melch. Franc.*: Magnificat 8. Toni, à 4.
53. *Knöfeli*: Erstanden ist der Herre Christ, à 5.
54. Ihr Männer von Galiläa, was wundert ihr euch. Introit. à 5. In F. Afcensionis.
55. Nu ihr Völcker all frolocket mit schall, à 4, Ps. 47.
56. Gen himmel fehrt der herre Christ, à 4.
57. Herrlich heut aufgefahren ist, à 4.
58. *Johan Herman Schein*: Nu begehn wir das Fest In Frewd vfs allerbest. Hymn. à 4.
59. Nu frewt euch Gottes Kinder all, à 4.
60. Wir dancken dir Herr Jesu Christ, à 4.
61. Der Geist des Herren erfüllet den Erdboden. à 5. Introit. In F. Pentecostes.
62. Nu bitten wir den heiligen Geist, à 4.
63. *Hasleri*: Als nu erfüllet war der tag der Pfingsten (Dum complerentur), à 8.
64. Defs heilgen Geistes reiche gnad, à 4.
65. Ich dancke dem Herren von gantzem herzen, à 4, Ps. 111.
66. *Simonis Lyrae*: Komm Heyliger Geist vnd nim ein. Hymn. à 5.
67. Gebenedeit sey Gott, die Heylige Dreyfaltigkeit. Introit. à 5. De S. Trinitate.
68. Kyrie fons bonitatis, Deutsch, à 4.
69. *Barth. Gefij*: Allein Gott in der Höh sey Ehr, à 4.
70. O licht Heylig Dreyfaltigkeit, à 4.
71. *Hafleri*: Dir sey lob dir sey preifs vnd Ehr (Tibi laus). Mot. à 8.
72. Gott der Vater wohn vns bey, à 4.
73. Gott dem Vater im höchsten thron, à 4.
74. Der Du bist drey in Einigkeit. Hymn. à 4.
75. *Handeli*: Ehre sey dir Dreyfaltigkeit (Gloria tibi Trinitas). Mot. à 8.
76. Magnificat 2. Toni. à 5.
77. *Handeli*: Lob Ehr preifs vnd herrligkeit (Laus & perennis gloria), à 8.
78. Der Herr hat mich beruffen. Introit. à 5. In F. Joh. Baptiftae.
79. Gelobet sey der Herr, der Gott Israels. Lobgesang Zachariä. à 4.
80. Nu lob mein Seel den Herren, à 4, Ps. 103.
81. Von S. Johanns dem heilgen Mann, à 4.
82. Den Vater dort oben, wollen wir nu loben, à 4.
83. Ich dancke dem Herren von gantzem Herzen, à 4, Ps. 111.

84. Dem Vater in des Himmelsthron. Hymnus à 4.
85. Nun preifs mein seel den herren lobesame, à 4, Ps. 103.
86. Magnificat primi Toni, à 4.
87. *Hasleri*: Unter denen von weibern gebohren, à 4.
88. Laft vns frölich sein alle in dem herren. Introit. à 5. In F. Visitationis Mariae.
89. *Praetorij*: Komme in meinen garten (Veni in hortum meum). Mot. à 8.
90. Stehe auf vnd eile du meine Freundin. Mot. à 5.
91. Herr Christ der einig Gottes Sohn, à 4.
92. Mein Seel erhebt den Herren mein, à 4.
93. Lobet den Herren alle Heyden, à 4, Ps. 117.
94. Herr Christ dein Zukunft in die welt. Hymn. à 4.
95. *Greg. Langi*: Allerdings schön bist du (Tota pulchra es). Mot. à 5.
96. *Orlandi*: Magnificat quinti Toni, à 5.
97. Maria Jungfraw Königlich. Mot. à 5.
98. Lobet den Herrn Ihr alle seine Engel. Introit. à 5. In F. Michaelis.
99. Ihr Himmel lobt Gott den Herrn, à 4.
100. *Praetorii*: Vnd es war eine stille im Himmel (Factum eft filentium), Mot. à 8.
101. *Joach. Burck*: Efs stehn für Gottes Throne. à 4.
102. Lobet den Herren alle Heyden, à 4, Ps. 117.
103. Wir dancken dir von hertzen vnd lobsingen. Hymn. à 4.
104. Heut singt die liebe Christenheit, à 4.
105. Magnificat quarti Toni, à 4.

26. Nr. 100. 1 Vol. in Fol. zu 346 Bll. mit Ausnahme der letzten Bll. von derselben Hand. In deutscher Orgel-Tabulator. Am Anf. ein alphabetischer nicht vollständiger Index der Textanfänge.

1. *Adamus Gumpeltzhaimer*: Deus in adjutorium meum intende, à 4.
2. „ „ Ecce nunc benedicite Dominum, à 8, ⎫ ausSacrorum con-
3. „ „ Laudate fervi Dominum, à 7, ⎪ centuum octonis
4. „ „ Levavi oculos meos in montes, à 4, ⎬ vocibus Modu-
5. „ „ Ecce qvam bonum et qvam jucundum, à 4, ⎪ landorum Aug.
6. „ „ Jefu rex coeli dominans abyfso, à 4, ⎭ Vindel. 1601.
7. *Gumpelzhaimeri*: Da pacem Domine, à 2.
8. *A. Gump.*.: Qvare fremuerunt gentes, à 4, ⎫ aus dems. Werke.
9. „ Venit Michael Archangelus, à 5, ⎭
10. *Gumpelzhaimer*: Jubilate Deo omnis terra; à 2.
11. *A. Gump.*: Laudate Dominum lucidum templum colentem, à 5, ⎫ desgl.
12. „ Jubilate Deo omnis terra, à 4, ⎭
13. *B. Gesii*: Deus in adjutorium meum intende, à 2.
14. *Ad. Gump.*: Felix o ter et amplius, Ps. 1. 2, à 4, ebendaher.
15. *Joh. Leo. Haflerus*: Laudate Dom. in fanctis ejus.
16. *Ad. Gump.*: Felices verò faciunt femperque beatos, à 6, ⎫
17. „ Ni Deus curet et regat laborem, à 6, ⎪ eben-
18. „ Foedera Conjugij celebrabant aufpice coetu, à 4, ⎬ daher.
19. „ Beati omnes qvi timent Dominum, à 4. ⎭

20. *Ad. Gump.*: Cantabo Domino in vita mea, à 4. [tuum, à 4.
21. „ Domine Dominus noster quam admirabile nomen
22. „ Ad te levavi oculos meos, à 4.
23. „ Beatus vir qui non abijt inc onsilio impiorum, à 4.
24. „ Pastor ovi Dominus cum pandit ovile vaganti, à 4.
25. „ Moribus in sanctis pulchra est concordia pacis, à 4.
26. „ Benedicta sit Sancta Trinitas, à 4.

ebendaher.

27. Veni in hortum meum.
28. *Ad. Gump.*: Domine quid multiplicati sunt qui me tribulant. à 4,
29. „ Adventu Domini supremus quando novabit, à 4,
30. „ Corpora sunt hominum propero pereuntia casu, à 4.

a. d. oben angef. W.

31. Exultent et laetentur in te omnes, à 4, P. 1. 2.
32. Coccus qvidam sedebat juxta viam, à 4.
33. Exaltabo te Domine qvoniam subvexisti me, à 5.
34. Ad te Domine clamabo, à 7.
35. Deus spes nostra et frotitudo et auxilium, à 6.
36. Venite & videte opera Domini, à 6.
37. *Melch. Vulpius*: Exultate Deo adjutori nostro, à 5, P. 1. 2.
38. Non est bonum hominem esse solum, à 8.
39. Homo qvidam descendebat ab Hierosolymis, P. 1. 2, à 4.
40. Paratum cor meum Deus cantabo, P. 1. 2, à 4.
41. Ecce qvam bonum et qvam jocundum habitare fratres in unum, à 6.
42. Super flumina Babylonis, à 8. P. 1. 2.
43. *M. V.*: Ibat Ihesus in civitatem quae vocatur Nain, à 5.
44. *Hieron. Praetorius*: Domine Dominus noster quam admirabile est nomen tuum, à 8, P. 1. 2.
45. Venite exultemus Domino salutari nostro, à 4.
46. Cantate Domino canticum novum, à 5.
47. *N. Zangius*: Apprehendens Raguel dexteram filiae suae, à 5.
48. *Tiburcij (Masaini)*: Filiae Jerusalem, à 4.
49. Adaperiat Dominus cor nostrum in Lege sua, à 4.
50. *Tiburtii Masaini*: Qvae est ista? à 5.
51. Ego sum panis vitao, à 4.
52. *Benedict. Bagnius*: Decantabat populus Israel, à 6.
53. Omnes gentes plaudite manibus, à 4.
54. Adjuro vos filiae Jerusalem, à 4.
55. Audivi vocem magnam de coelis, à 4.
56. Eructavit cor meum, à 4.
57. Bonum est confiteri Domino, à 4.
58. Vocem jocunditatis, à 4.
59. Confitemini Domino, à 4.
60. Cantate Domino qvoniam magnifice fecit, à 4.
61. Confitebor tibi Domine qvoniam iratus es mihi, à 4.
62. Qvae habitas in hortis, à 4.
63. Deus Deus meus ad te vigilo, à 4.
64. Consolabitur ergo Deus Syon, à 4.

65. Laetentur coeli et exultet terra, à 4.
66. Ego autem in Domino gaudebo, à 4.
67. Deus canticum novum cantabo tibi, à 4.
68. O Domine Jefu Chrifte adoro te in cruce vulneratum, à 4.
69. Benedic anima mea Dominum, à 4.
70. *Hieronym. Doratius*: Dixit Dominus Domino meo Sede a dextris meis. à 2.
71. „ Confitebor tibi Domine in confilio Juftorum, à 2,
72. „ Beatus vir qui timet Dominum, à 2.
73. „ Laudate pueri Dominum Laudate nomen Domini, à 2.
74. In exitu Israel, ⎫
75. Laudate Dominum, ⎬ à 2.
76. Nifi Dominus, ⎭
77. Lauda Jerufalem Dominum, à 2.
78. Credidi propter quod locutus fum, à 2.
79. In convertendo facti fumus, à 2.
80. Domine probasti me & cognovisti me, à 2.
81. De profundis clamans, à 2.
82. Memento Domine Dauid, à 2.
83. Beati omnes, à 2.
84. Confitebor Angelorum 6^u Toni, à 2.
85. Magnificat anima mea Dominum, à 2.
86. *Hieron. Doratij*: Magnificat anima mea Dominum 3^{ti} Toni, à 2.
87. *Gregorius Zuchinus*: Ecce tu pulchra es amica, à 4.
88. Aue Maria gratia plena, à 4.
89. Nigra fum fed formofa, à 2.
90. *Gregor. Zuchinus*: Audite me divini fructus, à 4.
91. Ofculetur me ofculo oris fui, à 4.
92. *Gregor. Zuchinus*: Exultate Jufti in Domino, à 4.
93. Ardens eft cor meum defiderio, à 4.
94. *Greg. Zuchinus*: Exultate Deo adjutori noftro, à 4.
95. „ Vfquequo Domine oblivifceris me, à 2.
96. Si bona fufcepimus. à 4.
97. *Gregor. Zuchinus*: Benedicamus Patrem & Filium, à 4.
98. Ave Chrifte rex coelorum, à 2.
99. Bonum eft confiteri, à 2.
100. *Greg. Zuchinus*: Canite tuba in Syon, à 2.
101. O Domine Jefu Chrifte memento quod tu dixifti, à 2.
102. *Greg. Zuchinus*: O facrum conuiuium, à 2.
103. „ Chriftus natus est nobis, à 2.
104. Quadraginta annis proximus fui venerationi, à 2.
105. *Geminianus Capus Lupus*: Omnes gentes plaudite manibus, à 6.
106. *Ruggierus Joannellus*: Jubilate Deo omnis terra, à 8.
107. *Johannis Gabriel*: Mifericordias Domini in aeternum cantabo, à 8.
108. *Alexius Neander*: Adefto unus Deus omnipotens, à 8.
109. *Stephanus Venturus*: Tibi laus tibi gloria, à 8.
110. *Johannes Bafsanus*: O Domine Jefu Chrifte adoro te in cruce, à 8.

111. *Hieron. Praetorius*: Factum eſt filentium in coelo, à 8, P. 1. 2.
112. *Johannes Agricola*: O Altitudo divitiarum, à 8.
113. *Hieron. Praetorius*: Beati omnes qui timent Dominum, à 8, P. 1. 2.
114.   „   Surge propera amica mea, à 8, P, 1. 2.
115. *Jacobus Händl Carniolus*: Audi tellus audi magni maris limbus, à 8, P. 1. 2.
116. *Lucas Marentius*: Jubilate Deo omnis terra, à 8, P. 1. 2.
117. *Hannibal Stabilis*: Corpora Sanctorum in pace ſepulta ſunt, à 8.
118. Super flumina Babilonis, à 8, P. 1. 2.
119. *Jacobus Handl Carniolus*: Laus et perennis gloria, à 4.
120.   „   „   Media vita in morte ſumus, à 4.
121. Decantabat populus Israel, à 6.
122. *Joh. Leo Haſler*: Omnes gentes plaudite manibus, à 4.
123. *Hieron. Praetorius*: Laudate Dominum in ſanctis ejus, à 5.
124. *Paulus Qvagliatus*: Decantabat populus Israel, à 6.
125. *Christianus Erbach*: Domine Dominus noster qvam admirabile, à 4.
126. *Joh. Croce*: Veni in hortum meum, à 2.
127. *Joh. Gabrielis*: Jubilate Deo omnis terra, à 4.
128. *Matthaeus Asula*: Cantate Domino canticum novum, à 4.
129. *Bonhomius*: Hortus conclufus, à 4, P. 1. 2.
130. *Joh. Gabrielis*: Beati immaculati in via, à 8.
131. *Andrea Gabriel*: Confitemini Domino quoniam bonis, à 6.
132. *Alexius Neander*: Cantate Domino canticum novum, à 4.
133. *Joh. Leo Haſler*: Venite exultemus Domino, à 4.
134.   „   Laudate Dominum in ſanctis ejus, à 8.
135. *Joh. Gabriel*: Domine Dominus noſter qvam admirabile, à 3.
136. *Camillo Zannotti*: In tribulatione dilataſti me, à 6.
137. *Joh. Gabrielis*: Exultate Juſti in Domino, à 4.
138. *Joh. Baſsanus*: Cibavit nos ex adipe frumenti, à 2.
139. *Carolus Bertus*: De ore prudentis procedit mel, à 4.
140. *Han. Perrini*: Si qva rubent veſtris fragrantia montibus almae, à 2.
141. *Nicol. Zangius*: Ecce qvam bonum et qvam jocundum, à 5.
142. *Orlandus di Lassus*: In convertendo Dominus captivitatem Syon, à 3, P. 1. 2.
143.   „   Confitebor tibi Domine in toto corde meo.
144. *Annibal Paduano*: Domine lingua dolosa, ira et odio, à 8.
145. *Blaſius Ammon*: Cantate Domino canticum novum, à 3.
146. *Gregor. Langius*: Niſi Dominus aedificaret domum, à 5.
147. *Chriſtianus Hollander*: Reſpice propitius Domine super plebem tuam, à 4.
148. *Orl. di Laſsus*: Deus miſereatur noſtri, à 4.
149.   „   Levavi oculos meos in montes, à 4.
150. *Alexander Vttendal*: Jubilate Deo omnis terra, à 4.
151. *Dominicus Phinot*: Jam non dicam vos feruos, à 4.
152. *Alex. Vtendal*: Inclina Domine aurem tuam ad me, à 4.
153. *Clemens non papa*: Pater peccavi in coelum, à 4.
154. *Chriſtian. Hollander*: Casta nouenarum iacet aula sub acta fororum, à 4.

155. *Alex. Vtendal*: Cantabo Domino canticum novum, à 5, P. 1. 2.
156. *Johannes de Cleue*: Erraui ficut ovis, à 8, P. 1. 2.
157. *Michael des Buiſsons*: Ego fum refurrectio & Vita, à 8.
158. *Claudius Merulus*: Indicabo tibi homo.
159. „ Laudate Dom. in fanctis ejus, à 6.
160. „ Mirabiles Elationes maris, à 5.
161. „ Confiteantur tibi populi Deus, à 5.
162. „ In tribulatione invocavi Dominum, à 8.
163. „ Deus nofter refugium & virtus, à 5.
164. *Joh. Gabrielis*: Diligam te Domine, à 8.
165. „ O Dom. Jesu Chrifte adoro te, à 4.
166. Duo feraphin clamabant, à 5.
167. *Joh. Croce*: Decantabat populus Israel, à 6.
168. *Joh. Gabriel*: Beati omnes qui timent Dom., à 8.
169. *Antonij Mortarij*: Quantas oftendifti mihi tribulationes, à 6.
170. *Joh. Leo Haſler*: Veni Domine & noli tardare, à 5.
171. *Stephan. Felis*: Exultate Deo adjutori noftro, à 5.
172. *Jofephus Gallus*: Veni in hortum meum, à 5.
173. *Steph. Venturi*: Laudate Dominum, à 5.
174. *Felicis Anerij*: Tibi laus tibi gloria, à 2.
175. *Caroli Berti*: Afcendit Deus cantabo Deo, à 5.
176. *Afcanius Trombettus*: Jubilate Deo omnis terra, à 8.
177. *Hier. Praetorius*: Puer qui natus eft plus quam propheta eft, à 8.
178. „ Te Deum Patrem ingenitum, à 8.
179. „ Videns Dominus flentes forores Lazari, à 6.
180. *Joh. Leo Haſler*: Mifericordias Domini in aeternum, à 8.
181. „ O Dom. Jefu Chrifte adoro te in cruce, à 6.
182. „ Exaltabo te Domine qvoniam fufcepifti me, à 4.
183. „ Beati omnes qui timent, à 5.
184. „ A Domino factum eft iftud, à 5.
185. „ Jubilate Deo omnis terra, à 5.
186. „ Efse volens gaudere optat, à 8.
187. „ Laudate Dominum omnes gentes, à 4.
188. „ Aeterni fincera Patris spes optime Jhesu, à 4.
189. „ Tibi laus tibi gloria, à 4.
190. *Jacobus Händl*: Veniet tempus in quo falvabitur, à 5.
191. *Barth. Geſius*: Gaudete filiae Jerufalem, à 4.
192. *Jac. Händl*: Congregati funt inimici, à 4.
193. „ Gloria tibi Trinitas, à 4.
194. *Dominicus Phinot*: Sancta Trinitas unus Deus, à 4.
195. *Händl*: Qvam dilecta tabernacula tua, à 4.
196. *Andr. Gabriel*: Benedictus Dominus Deus Sabaoth, à 7.
197. Egredimini & videte filiae Syon. à 5.
198. *Lucae Marentii*: Iniquos odio habui, à 4.
199. Homo qvidam fecit coenam magnam, à 2.
200. *Andr. Gabrieli*: Exurgat Deus et diffipentur inimici, à 5.
201. *Claudio da Corregio*: Haec eft dies quam fecit Dom., à 6.
202. *Georgius Schwiger (?)*: Deus qui Sufannam de falfo, à 4.

203. *Valentinus Haufsman*: Haurietis aquas, à 8.
204. *Claudii Meruli*: Aue Maria gratia plena, à 8.
205. *Joh. Gabrielis*: Magnificat anima mea Dom., à 6.
206. *Hypolitus Cremenander*: (Text nicht lesbar), à 6.
207. *Petrus Bonhomius*: In nomine Jhesu omne genu flectatur, à 2.
208. „ In lectulo meo per noctem quefivi, à 5.
209. „ Omnes gentes plaudite manibus, à 2.
210. „ Procinite Domino in confefsione, à 6.
211. Ardens cor meum desiderio, à 2.
212. *P. Bonhomius*: O falutaris hoftia, à 2.
213. In dedicatione templi, à 5.
214. *P. Bonhomius*: Gratuletur Chorus ifte, à 2.
215. „ Veni de Libano fponfa mea, à 4.
216. Kyrie eleyfon, à 3.
217. *Bonhomii*: Super flumina Babilonis à 2.
218. Salue Regina mater mifericordia & fpes, à 2.
219. *Bonhomij*: Plaudite nunc organis, à 2.
220. Magnificat 6. toni, à 6.
221. *Bonhomij*: Magnificat 6. toni, à 4.
222. *Afprilius Pacellus*: Veni Sancte Spiritus, à 4, P. 1. 2.
223. „ O vere digna hoftia, à 5.
224. Cantate Dom. canticum novum, à 2.
225. *Asprilius Pacellus*: Estote fortes in bello, à 4.
226. Te Deum laudamus, à 2.
227. *Leo Leonius*: Adjuro vos filiae Jerufalem, à 4.
228. „ Quam dulcia fauibus meis eloquia tua, à 2.
229. „ Congratulamini mihi, à 4.
230. „ Anima mea defideravit te in noete, à 3.
231. „ O Dom. Jhefu Chrifte adoro te in cruce, à 2.
232. „ Petre amas me, à 2.
233. „ Nigra fum fed formofa, à 2.
234. „ Ofculetur me ofculo oris tui, à 3.
235. „ Ego dormio et cor meum vigilat, à 2.
236. *(Leo Leoni)*: O facrum et admirabile convivium, à 2.
237. „ Peccavi fuper numerum arenae, à 4.
238. „ Domine quis habitavit in tabernaculo tuo, à 8.
239. „ Veni fponfa Chrifti accipe coronam, à 2
240. „ Saulus cum iter faceret, à 2.
241. „ Audivi vocem Angelorum, à 3.
242. „ Tribularer fi nefcirem, à 4.
243. „ Qui Cananeam & Publicanum vocafti, à 2.
244. „ Sic Deus dilexit mundum, à 5.
245. „ Vide Domine afflictionem populi tui, à 2.
246. *Pompejus Signoruccius*: Domine ad adjuvandum me feftina, à 2.
247. Dixit Dominus Domino meo, 1. Toni, à 2.
248. *Pomp. Signoruccius*: Laudate pueri Dominum, à 2.
249. „ Laetatus fum in his quae dicta funt mihi, à 2.
250. „ Lauda Jerufalem lauda Deum tuum Syon, à 2.

251. Laudate Dom., laudate eum omnes populi, à 2.
252. *Pomp. Signorucc*: Magnificat 6. Toni, à 2.
253. „ „ 3. „ à 2.
254. „ Tota pulchra es amica mea, à 2.
255. „ Ifte Sanctus pro lege Dei fui creavit, à 2.
256. *Pomp. Signoruccius*: Cantate Domino omnis terra, à 2.
257. „ Miſsa 8. Toni octo vocum.
258. „ Et in terra pax hominibus, à 6.
259. „ Patrem omnipotentem factorem coeli, à 6.
260. *Antonii Sauettae*: Ecce facerdos magnus qui in diebus fuis, à 2.
261. „ Beati omnes qui timent, à 2.
262. „ Quam pulchra es amica, à 2.
263. Aue Regina Coelorum, à 2.
264. *A. Savettae*: Exultate Deo adjutori noftro, à 2.
265. *Ruggieri Joannelli*: Kyrie fuper Jubilate, à 2.
266. *Julii Osculati*: Hodie Simon Petrus crucis, à 3.
267. *Joh. Lefebure*: Te Deum Laudamus, à 4.
268. *Curtii Valcampi*: Decantabat populus Israel, à 2.
269. *Fr. Biancardi*: Exurgat Deus et difsipentur, à 5.
270. *Joh. Croce*: Incipite Domino in tympanis, à 2.
271. „ Benedictus es Domine Patrum, à 2.
272. Triftis eft anima mea usque ad mortem, à 8.
273. Vita quae eat? à 4.
274. *Hann. Stabilis*: Kyrie eleyfon, à 4.
275. *Joh. Pet. Aloyfi*: O magnum miſterium, à 6, P. 1. 2.
276. „ Beatus Laurentus orabat dicens, à 5.
277. „ Lapidabant Stephanum, à 5, (unvollständig).
278. *Vulpii*: Vndt der Herr lobete den vngerechten Haufhalter, à 4.
279. *Joh. Petr. Aloyfii*: Ascendo ad patrem meum, à 5.
280. „ Homo quidam fecit coenam magnam, à 5.
281. „ Canite tuba in Sion, à 5 (unvollst.)
282. *Vulpii*: Vnd als er nahe hinzu kam, à 4.
283. „ Super flumina Babilonis, à 8.
284. *Vulpij*: Ich sage euch dieser ging hinab gerechtfertiget, à 4.
285. „ Vnd er verbot ihnen sie soltens Niemand, à 6, P. 1. 2.
286. „ Und er wandte sich zu seinen Jüngern vnd sprach, à 4.
287. „ Trachtet am ersten nach dem Reiche Gottes, à 4.
288. *Andre. Hammerschmied*: O ich Elender fünder, wo soll ich hin, à 4.
289. „ Herr mein Gott grofs sindt Deine wunder, à 4
290. „ Efs ist ein grofser Prophet vnter vns auffgestanden, à 5, P. 1. 2.
291. *Vulpius*: Wer sich selbst erhöhet, à 6.
292. „ Wol dem der ein tugendtſames weib hat, à 4.
293. O barmherziger Vater, ich armer Sünder, à 4 (unvollst.)
294. *Vulpij*: Du solt lieben Gott deinen Herren, à 4.
295. „ Da nun Jesus ihren Glauben sahe, à 5.
296. „ Herr kom hinab ehe den mein Kind stirbet, à 6.
297. *Vulp*: Sey wilferlich deinem Wiedersacher, à 4. Dom. VI post Trin.

298. *Melch. Vulp*: Das Volck aber das vorging, à 4. Dom. I. Advent.

27. **Nr. 101.** 1 Vol. in Fol. von verschiedenen Händen; in deutscher Orgel-Tabulatur. Ohne Ind.

1. Domine ad adjuvandum me feſtina, à 2. In Feſt. Joh. Bapt.
2. *Caſpar Vincentii*: Et tu Puer Propheta altiſaimi vocaberis, à 8.
3. *Alexij Neandri*: Eliſabeth Zachariae Magnum Virum genuit, à 8.
4. *Orlandi*: Inter natos mulierum, à 5.
5. *H. Praetorij*: Puer qui natus eſt, à 8.
6. *Heinrici Pfendneri*: Puer qui natus eſt, à 5.
7. *J. L. Haſler*: Inter natos mulierum, à 4.
8. De uentre matris meae, à 4. Introitus auf Joh. Bapt.
9. Miſsa, à 4.
10. *Camilli Zanotti*: In tribulatione dilataſti mihi, à 8.
11. *Farottij*: Magnificat, 2. toni, à 5.
12. Deus miſereatur noſtri, à 8.
13. Gaudeamus omnes in Domino, à 4.
14. Miſsa, à 4.
15. *Jacob. Praetorij*: Veni in hortum meum, à 4.
16. Mein Freund komme in meinen Garten, à 4.
17. *Orlandi*: Veni in hortum meum, à 5.
18. *Jacob. Handl*: Domine quando veneris, à 6.
19. „ Veniet tempus in quo ſalvabitur, à 8.
20. *Joh. Leon. Haſl*: Alleluia, à 5.
21. Laudate Dominum de coelis, à 8.
22. Dies ſanctificatur, à 4.
23. Benedictus Dominus, à 4.
24. *Thom. Walliſ*: An Wasserflüssen Babilon, à 5.
25. *Jacobi Finetti*: Gaudent in coelis, à 5.
26. Introitus in Feſt. Michaelis, à 5.
27. *H. P.*: Miſsa super Factum eſt ſilentium, à 5.
28. *M. Vulpij*: Factum eſt proelium magnum in caelo, à 6, P. 1. 2.
29. Rorate coeli. Introit. in Advent. Dom., à 4.
30. *PR.*: Miſsa, à 5.
31. Puer natus eſt nobis, à 4. Introit.
32. *PR.*: Miſsa, à 5.
33. Ecce adueniet, à 4. Introit. in Epiphan. Dom.
34. Kyrie super Sidus ex claro, à 5.
35. Mittit ad virginem, Proſa à 4.
36. In principio, Reſponſorium in Feſto nativitat., à 4.
37. Veni Redemtor gentium, Hymnus à 4.
38. *Orlandi*: Angelus ad pastores ait, à 5.
39. *Geſij*: Rorate coeli, à 4.
40. Kyrie fons bonitatis, à 4.
41. *Geſij*: Haec eſt dies, à 4.
42. *Jac. Handeli*: Haec eſt dies, à 4.
43. *Geſij*: Reſurexi et adhuc tecum ſum, à 4.

44. *Gefij*: Miſſa, à 4.
45. „ Victimae Paschali, Proſa à 4.
46. Vita Sanctorum, Hymnus à 2.
47. Veni ſancte Spiritus, Proſa à 4.
48. *Hasleri*: Nu bieten wier den Heyligen Geist, à 2
49. Also hat Gott die welt geliebt, à 4.
50. Gloria Tibi Trinitas, à 4.
51. *Orlandi*: Domine Dominus noster, à 6.
52. *Gefij*: Jesu wolst vns weisen, à 4.
53. Lobt den herrn alle heiden, à 3.
54. Geh deinen Weg auf rechten Steg, à 4.
55. Ist nicht Ephraim mein trewer Sohn, à 4.
56. Grates nunc omnes, Proſa à 4.
57. Parvulus nobis nascitur, à 4.
58. In principio erat Verbum, à 4. Reſponſ. in Feſto Nativ. Chriſti.
59. A Solis ortu cardine, Hymnus à 4.
60. Magnificat 5. toni, à 4.
61. Reſonet in laudibus, à 4.
62. *Orlandi*: Sidus ex claro, à 5, P. 1. 2.
63. Ibant magi quam viderant, à 4.
64. Nunc Dimittis Servum tuum Dom., à 5, P. 1. 2. 3.
65. Fit porta Chriſti pervia, Hymnus, à 4.
66. *Johan. Nucius*: Miſsus eſt Angelus, à 5, P. 1. 2. 3.
67. *Orlandi*: Magnificat 5. Toni.
68. In exitu Israel de Egypto, à 5.
69. Vita ſanctorum, Hymnus, à 4.
70. *Simonis Lyrae*: Veni Creator Spiritus, à 5.
71. O lux beata Trinitas, à 4.
72. Benedictus Dominus Deus Iſrael, à 4.
73. Aeterno gratias Patri, Hymn. à 4.
74. *Farotti*: Magnificat 2. Toni, à 5.
75. Dicimus grates tibi, Summae rerum, Hymn. à 4.

Weltliche Lieder.

28. Nr. 64. Angebunden an O. di Lasso Novae Cantiones. Monach. 1577, 2 hds. Trinklieder, nur T. u. A. vorhanden:
  1. Mancher der spricht Im Meyen sind vns die brunlein gesundt.
  2. *Petrus Maſsenius*: Arentes irrigate fauces.

29. Nr. 65. Am Schluss eines Sammelbandes, auf dessen Deckel „J. S. 1584" gedruckt ist, steht ein Trinklied, 1 Seite lang:
  „Proficiat, Ir lieben Herren gott gesegne euch das Trincken vnd daſs essen."

30. Nr. 107. 4 Stb. in 4°. angebunden an einen Sammelband, dessen meiste Stücke wie Joh. Staden's Venus-Kräntzlein dem Jahre 1610 angehören. Enthält hdschrftl. das Lied von
  Johann Moller: Eſs wolt gutt Jäger jagen. Quotlibet à 4.

Weltliche und geistliche Lieder, Gesänge, Madrigale etc.

31. Nr. 99. 1 Vol. in Fol. mit deutscher Orgel-Tabulatur notiert, besteht aus mehreren Teilen, die durch leere Bl. von einander getrennt sind; die einzelnen Teile sind von verschiedenen Händen.

Teil I.
1. In Deo falutare, à 6, P. I. II.
2. Cantabant canticum, à 6, P. I. II.
3. Salue aeternum pater mifericordiae, à 6.
4. Ad te fuspiramus, à 4.
5. Et Jefum vnigenitum filium tuum, à 6.

Teil II.
6. Prouidebam Dominum in confpectu meo femper, à 6.

Teil III.
7. *Joh. Petraloyfius*: O Antoni Eremita infirmorum Spes & Vita, à 5.
8. Alleluia Tulerunt Dominum meum, à 5.
9. Crucem fanctam fubijt, qui Infernum confregit, à 5.
10. O Beata & gloriofa Trinitas, à 5, P. I. II.
11. Ego fum Panis vitae, à 5, P. I. II.
12. Beatus Laurentius orabat dicens Gratias tibi ago Domine, à 5.
13. Hodie nata eft beata Virgo Maria, à 5.
14. O Beatum virum cuius anima Paradifum pofsidet, à 5.
15. O Beatum Pontificem qui totis vifceribus diligebat Chriftum regem, à 5.
16. Deus qui dedifti legem Moyfi, à 5.
17. Lapidabant Stephanum, à 5.
18. Hic eft Difcipulus ille qui teftimonium perhibet, à 5.
19. Sicut Lilium inter fpinas, à 5.
20. Quam pulchri funt greffus tui filia Principis, à 5.
21. Viri Galilaei quid ftatis afpicientes, à 5, P. I. II.
22. Dum complerentur dies Pentecoftes, à 5, P. I. II.
23. Pulchra es o Maria virgo, à 6.
24. Vidi turbam magnam quam dinumerare nemo poterat, à 6, P. I. II.
25. Virgo prudentifsima quo progrederis, à 7, P. I. II.
26. O Virgo fimul & mater lux maxima mundi, à 5.
27. Memor efto verbi tui feruo tuo, à 5.
28. O facrum convivium, à 5.
29. Coenantibus illis accepit Jefus panem, à 5.
30. Derelinquat impius viam fuam, à 5.
31. *Angeli Petraloyfij*: Circuire poffum Domine coelum et terram, à 5, P. I. II.
32. Gaude Barbara beata, à 5, P. I. II.
33. *Syllae Petraloyfii*: Domine Pater & Deus vitae meae ne derelinquas me, à 5.
34. *Rudolfi Petraloyfii*: Confitebor tibi Domine in toto corde meo, à 5.
35. Peccantem me quotidie et me poenitentem timor mortis conturbat, à 5.

36. Jefus in qua nocte tradebatur, à 5.
37. Tribularer fi nefcirem, à 6, P. I. II.
38. Beata Barbara ad locum certaminis ducta, à 6, P. I. II.
39. Confitebor tibi Domine quoniam iratus es mihi, à 8, P. 1. 2.
40. Laudate pueri Dominum, à 8.
41. Quis ficut Dominus Deus nofter qui in altis habitat, à 8.
42. Domine in virtute tua laetabitur rex, à 8, P. 1. 2.
43. Laudate Dominum omnes gentes, à 8.
44. Pater nofter qui es in coelis, à 5.
45. Aue Maria, à 5.
46. *Joannes Petraloyfius Praeneftinus*: Cantantibus organis Cecilia uirgo, à 5, P. 1. 2.
47. Caro mea verè eft cibus, à 5.
48. Congrega Domine difperfionem noftram, à 5, P. 1. 2.
49. Inclytae fancte virginis Catharinae folemnia, à 5.

Teil IV.

50. Magnificat super Mentr' io compai contento, à 6.
51. „ „ Leggia drifsima, à 6.
52. „ „ Voi ch'afcoltate, à 6.
53. (Von einem 4. Magnif. „super Nel più fiorito Aprile" nur der Anfang.)

Teil V.

54. *Giouan Ferretti*: Sùfùfù non piu dormir, à 6.
55. *Gregorius Langius*: Ein Megdlein an dem Lande stund, à 4.
56. *Horatio Veggio da Modena*: E uivere morire mi fai, à 6.
57. *Benedetto Pallavicino*: Tirfi morir volea, à 6, P. 1. 2. 3.
58. *Luca di Marentio*: Mentre il Ciel è fereno, à 5.
59. „ Difdegno è Gelosia, à 5.
60. „ Scendi dal Paradifo Venere, à 5.
61. „ Ahi toemi (?) il ben mio, à 5.
62. „ Covran di puro latte, à 5.
63. „ Caddè giadi Tarquinia al cieco errore, à 5.
64. „ Real natura angelico intelletto, à 5, P. 1. 2.
65. „ Spirto a cui gioua gl'anni à buona fine, à 5.
66. „ Ecco l'aurora con l'aurata fronte, à 5.
67. „ Quando voftra belta voftra valore, à 5.
68. Du hast mich sollen nehmen, à 5.
69. *Luca Marentio*: Vaghi angelletti fe per valli e monti accompagnafte, à 5.
70. „ Sapete amanti, à 5.
71. „ Senza cor senza luce, à 5.
72. *Orlandus*: Ein Megdlein su dem brunnen ging, à 5, P. 1. 2.
73. *Gio. Maria Nanino*: Morir o puovrino (?) core, à 5.
74. *Orlandus di Laffus*: Veni in hortum meum foror mea fponfa, à 5.
75. *Orlandus*: Omnia quae fecifti nobis Domine, à 5.
76. „ Confitemini Domino & invocate nomen eius, à 5, P. 1. 2.
77. *Gio. Ferretti*: Quando mirai fa bella faccia, à 6.

78. *Orlandus*: Benedicam Dominum in omni tempore, à 5.
79. *Girol. Converſi da Correggio*: Io mene volo à voi, à 5.
80. „ S'ogn' hor lieto vi canto, à 5.
81. „ Corri corri corri mamma d'oro, à 5.
82. „ Fuggite l'infedel, à 5.
83. „ Non dubitar ben mio ſta pur ſecuro, à 5.
84. „ Naſcela doglia mia, à 5.
85. „ Per che giouine ſei diſprezzi Amore, à 5.
86. „ Deh porgemi ſa mano, à 5.
87. „ S'io t'involaſsi o bella, à 5.
88. „ Quand' aprir veggio, à 5.
89. „ Coſi fouent' infegno mi confoli, à 5.
90. „ Nel tuo fiorito e dilettoſo maggio, à 5.
91. „ Canzon va al mio bel ſol, à 5.
92. „ Madonna poi ch'occider mi volete, à 6.
93. *Striggio*: Che fai che penſi, à 6.
94. „ La ver l'aurora che ſi dolce l'aura, à 6.
95. „ S'ogni mio ben ſavete Raccolto, à 6.
96. *Converſi*: Per queſta tua ſi ſubita partita, à 5.
97. *Dragoni*: Vago ornamento il mio bel ſol, à 5.
98. „ O doloroſi amanti, à 5.
99. „ Cranſi chiara alla mia donna, à 5.
100. „ O Di ſanta amicitia, à 5.
101. „ Nello ſparir del giorno, à 5.
102. „ Daphne io non piango, à 5.
103. „ Vſiran dal Tebro in un bel prato, à 5.
104. *Converſi*: Donne leggiadre che ſeguite Amore, à 5.
105. *Dragoni*: Gia cominciava il ſol da ſommi colli, à 5, P. 1—6.
106. „ Più non duolmi il mio tanto m'adoglia, à 5.
107. „ Laſso quanto m'ingombra, à 5.
108. „ Qual forza o qual defsin, à 5.
109. „ Quanto più manca la fallace ſpene, à 5, P. 1. 2.
110. *Striggio*: Laſcia l'hai morte ſenza ſol il mondo, à 6, P. 1. 2.
111. *Barnaba Cerdo di Parma*: Qual tempeſtoſo mar di notte il verno, à 5.
112. „ Spoglia nuuol gentil l'oſcura veſte, à 5, P. 1. 2.
113. *Striggio*: Se ben di ſette ſtell'ardent'e belle, à 6, P. 1. 2.
114. *Dragoni*: La bella pargoletta ch'ancor non ſente amore, à 5.
115. *Striggio*: Amor io fallo e veggio mio fallire, à 6, P. 1. 2.
116. „ O Meſſaggi del cor foſpriri ardente, à 6, P. 1. 2.
117. *Dragoni*: Ed onde trepidetta aura laſciva, à 5.
118. „ Mentre il fattor fuperno in giro, à 5.
119. *Converſi*: Tutti correte ad uno aquella, à 5.
120. *Dragoni*: L'onde de miei penfieri, à 5, P. 1—3.
121. „ Dicoſi nobil fiamma, à 5, P. 1. 2.
122. *Converſi*: Sciogliami morte da tuoi laui amore, à 5.
123. *Dragoni*: Oime trema la terra, à 5.
124. *Converſi*: Solo fra mill' amanti, à 5.

125. *Converſi*: Amor quanto voi, à 5.
126. *Dragoni*: Poi ch'el mondo è la ſorte, à 5.
127. „ Dalle bell' onde chiare, à 5.
128. *Françiſc. Kowa*: Fuga Prima, à 5.
129. *Dragoni*: Dolciſaimo ripoſo, à 5, P. 1—3.
130. „ Scendi riperçoſo, à 5.
131. Decalogus, à 5.

Teil VI.

132. In dir che ſette bella, à 6.
133. Io ſon ferito, à 5.
134. *Luca Marenzio*: Che fa haggi il mio ſole, à 5.
135. Bianchi cignie canori, à 6, P. I. II. III.
136. Sola ſoletta, à 5.
137. L'aura ſoave, à 4.
138. *Noè Faignient*: Rendimi, à 4.
139. Miſera che farò poich'io mi moro, à 5.
140. Rimanti amor in ſempitarno oblio, à 5.
141. *Andr. Gabrieli*: Nel bel giardin' entrate, à 6, P. I. II.
142. *Noè Faignient*: Baſciami, à 4.
143. *Hippolito Sabino*: Poich' elauiſt' angelica e ſerena, à 6, P. I. II.

Teil VII.

144. O Domine Jeſu Chriſte qui pro redemptione mundi naſci et circumcidi uoluisti (überschr. De Paſsione Domini meditatio) mit Mensuralnoten; am Schl. steht „*Georgius Günther Namſlaxiensis* Choralis ad D. Elyſabeth: Ao. 1600. 18 Martij."

Teil VIII.

145. *Orl. di Laſſus*: In Principio erat verbum, à 6, P. I—III.
146. „ In convertendo Dominus, à 8, P. I. II.

Teil IX.

147. *Jacobus Regnard*: Wenn mein Stündlein vorhanden ist, à 5.
148. *Meilandus*: Ade ich muſs mich scheiden, à 4, P. 1—4.
149. *Orlandus*: Omnia quae feciſti nobis Domine, à 5.
150. „ Benedicam Dominum in omni tempore, à 5, P. I. II.
151. *Gregorius Langius*: Tota pulchra es amica mea, à 5.
152. *Orlandus*: Confitemini Domino & invocate, à 5, P. 1. II.
153. *Jac. Meilandus*: Exultent & laetentur in te omnes, à 5.
154. „ Emittebat Joseph vocem ſuam, à 5.
155. *Joh. Petraloyſius Praenestinus*: O Domine Jeſu Chriſte adoro te in cruce, à 6.
156. *Gallus Dreſslerus*: Non eſt bonum hominem eſse ſolum, à 5.
157. Muſica germana, à 6, P. 1. 2.

Teil X.

158. *Nicol. Parmae*: Homo quidam fecit carmen magnum, à 4.
159. *Horati Vecchi*: O dulcis Jeſu, à 4.

160. *Benedicti Pallavicini*: O facrum convivium, à 6.
161. *Franc. Mariae Guaitollij*: Pangamus laeti omnes, à 4.
162. *Ludouici Balbi*: Quemadmodum defiderat cervus ad fontes, à 6.

Teil XI.

163. Canzonette d'amore, à 4. 50 Nrn. ohne Namen der Verfasser, fast alle nur 1 Zeile lang.

Teil XII.

164. Trachtet am Ersten nach dem Reich Gottefs, à 4. Domin. XV post. Trin.
165. Es ist ein grofser Prophet vnter vns aufgestanden, à 5. Domin. XVI post. Trin.
166. Wer sich selbst erhöhet, à 6. Domin. XVII post. Trin.
167. *Frid. Weiffenfee*: Domin. XVIII p. Trin. (Text fehlt), à 8, P. I–III.

Teil XIII.

168. Quando fra bianche perle al canto, à 5, P. I. II.

Teil XIV.

169. *Petri Aloyfii*: Beate Marie Magdalene, à 5.
170. *Andreas Pevernage*: Congratulamini mihi omnes, à 5, P. I. II.
171. *Michael Deifs*: Accefsit ad Pedes Jefu, à 5.
172. Es werden nicht alle, die zu mir sagen Herr, à 6. Dom. 8 p. Trin.
173. Es werden nicht alle, die zu mir sagen Herr, à 6. Dom. 8 p. Trin.
174. Vndt der Herr lobete den Vngerechten Haufshalter, à 4. Dom. 9 p. Trin.
175. Exaudi me Domine, à 6. Dom. 10 p. Trin.
176. Vndt als er nahe hinzu kam, sah er die Stadt an, à 4.
177. Ich sage euch dieser ging hinab gerechtfertiget, à 4. Dom. XI. p. Trin.
178. Vndt er verbott ihnen sie soltens . . ., à 6. Dom. XII. p. Trin. P. I. II.
179. Vndt er wandte sich zu seinen Jüngern, à 4. Dom. XIII. p. Trin.
180. Sindt ihr nicht zehn rein geworden, à 4. Dom. XIV. p. Trin.

Teil XV.

181. Mit tantzen vnd mit Springen, à 4.
182. Wo jemand lust zum Bulen hat, à 4.
183. Der Weiber gmüt erkent man nicht, à 4.
184. Gott grüfs mir die im grünen rock, à 4.
195. Welcher wird mir einbringen, à 4.

Teil XVI.

186. Miffa super Veftiv' ai colli, à 5.
187. Kyrie, à 8.
188. Kyrie eleyfon, à 6.

32. Nr. 66. 6 Stb. Hds. zwischen gedruckten Werken, von denen das jüngste dem Jahre 1571 angehört.

1. Deus qui Susannam de falso, 8 voc.
2. *Ludou. de Victoria*: Surrexit pastor bonus, 6 voc.

3. *Ludou. de Victoria*: Quem vidistis pastores, 6 voc. 2. p. Dicite quid-
4. fehlt in allen Stb. [nam uidistis.
5. *L. de Victoria*: Vadam et circumibo ciuitatem, 6 voc. 2 p. Qualis est
dilectus tuus.
6. „ Vidi speciosam, 2. p. Quae est ista, 6 voc.
7. Domine Jesu Christe, 6 voc.
8. *Orlandus*: Im himel dort oben hört man die Engel Got loben, 5 voc.
9. *Franciscus Algrandrus*: Non est bonum hominem esse solum (Es ist
nicht gut, dass Ieb allein) 9 voc. Einige Stimmen
haben nur lateinischen, andere nur deutschen
Text. Fétis nennt einen *Franciscus Algermann*,
wahrscheinlich ist es derselbe.
10. Echo, Echo hoho, bistu da? Hör was ich frage? 6 voc.
11. *Jaches Wert*: Speremus meliora omnes, 5 voc.
12. „ Omnis homo primum bonum uinum ponit, 5 voc.
13. *Jacobus Regnart*: Lamentabatur Jacob, 5 voc.
14. *Jaches Wert*: Transeunte Domino, 5 voc. 2. p. Et ait illi Jesus.
15. Geh deinen weg auff rechtem steg, 5 voc. (geistlich.)
16. *L. de Victoria*: Afcendit Chriftus in altum, 2. p. Ascendit Deus, 5 voc.
17. Ego dormio et cor meum uigilat, 2. p. Anima mea, 5 voc.
18. *L. de Victoria*: Cum beatus Ignatius, 2. p. Ignis crux, 5 voc.
19. *Orlandus di Lassus*: Wie lang, o Got, in meiner not (8 Str.), 2. p.
Verzag hertz nicht, 5 voc.
20. „ Ein gutter wein ist lobens werd (3 Str.)
21. So wünsch ich ir ein gutte nacht, zu hundert tausent stunden, 5 voc.
22. Veni nouena turba, 4 voc.
23. Schone lib, was hab ich dir gethan, 4 voc.
24. *Iuo de Vento*: Grofs leid ich klag, 5 voc.
25. *Uttendal*: Es was ein bauren tochterlein, 4 voc.
26. Vulnerasti cor meum, 5 voc.
27. Vulnerasti cor meum, 5 voc.
28. *Orlandus*: Missa super Dixit Joseph, 6 voc.
29. Magnificat V. toni, 4 voc. Steht am Schlusse der Stb., darauf unbe-
schriebene Bll.

33. Nr. 62. 4 Stb. in kl. quer 4^0. (Es fehlt die V.) Auf dem
Pergament-Deckel (wie bei vielen andern Werken der Herzogl.
Bibl.) eingedruckt „G R H Z L V B" (d. h. Georg Rudolf Herzog
zu Liegnitz u. Brieg) „1612". Auf dem äufseren Deckel des
Tenors die handschriftl. Notiz „Von I. F. Gn. beschrieben".
Dass die 9 S. langen Hefte mit ihrer noch unbeholfenen Schrift
von dem damals 15 jähr. Fürsten selbst geschrieben sind, ergiebt
sich auch aus den Worten auf der letzten Seite des Tenor und
Alt: „1610. 15. Maij | Si Deus pro nobis quis contra | nos.*)|

---

*) Wahlspruch des Herzogs G. Rud.

MVSICA | Georgius Rudolphus Dux | Lignicensis et Bregensis Manu propria." | Arabeske.

Das Werk enthält:
1. *G. R[udolf]*: Miserere mei fili David, à 5.
2. Wir Christen leut haben iz frewt, à 4.
3. Der Mey der Mey bringt uns gar viel der schönen Blumen, à 5.
4. *G. R. D. L. — B.*: Ich passiert einmahl allein, wol in defs Meyens Zeiten, à 2.
5. Fiat cor meum et corpus meum immaculatum. à 5.
6. Herzlich thut mich erfrewen die liebe Sommer Zeit, à 4.
7. Von Joseph dem züchtigen helt, à 4.
8. Da Jesus Christus verrathen wardt, à 4.
9. Da der Herr Christ zu Tische sals, à 4.
10. *Autor Georgius Rudolpus (sic!) Dux Lignicen/is*: 3 Intonationen „Ave gloriofa", „Benedicta in mulieribus", „Alleluia", à 5.
11. Surexit paftor bonus, P. I., à 4, P. II. u. III., à 5.
12. *Autor Georgius Rudolphus Dux Lignicen/is et Bregnsis*: Wer Gott allein vertrawet, à 4.
13. *Autor Georg. Rudolphus Dux Lignicensis et Bregnsis*: O Gott zu diesem unser stindelein, à 5.
14. *Valentinus Befeldus*: Izt frewet sich die ganze welt, à 2.
15. *Nicolai Hermani*: Die weisen zu Herodes Zeit, à 2.
16.   „   Heut singt die liebe Christenheit, à 2.

34. Nr. 36. 5 Stb. in 4°. Im Anfange vor verschiedenen Notendrucken aus den 70ger Jahren des 16. Jahrh. 2 beschriebene Seiten mit 3 Tonsätzen:

1. *Lampertus de Seynne*: Dort oben auff dem Berge, da ligt ein hohes haus, 5 voc.
2. Vinite foelices quos Vincla iugalia nectunt, 3 voc.
3. (nur im Bassus) *Gregorius Förfterus Nifsenus Silesius*: Gahe mein liebes Oechselein in grünen Waldt hinein, 5 voc.

Am Schlusse der Nr. 36 sind 7 Bll. angeheftet mit folgenden 7 Nrn.:

4. *Ludouicus Dafer*: Quemadmodum desiderat ceruus ad fontes aquarum, à 6.
5. Weis Gott, das ich es gar nicht acht.
   Daz mich ein falsch Zung verlacht.
   frisch, frey, frölich vnnd from.
   Ist Aller Studenten Reichtumb.
6. Ein schönen garten ich mir weyfs.
   In Lausnitz ligen an der neyfs. à 5.
7. *Alexander Utenthal*: Ich weifs ein hübsches Frewelein, à 5.
8. Ach Edles Bild, bis nit so wild, à 4.
9. *Orlandi di Lassus*: Geh deinen weg Auff rechtem Steg, à 5.
10. Si bona suscepimus de manu Domini, P. I. II., à 5 (fehlt im B. u. V.)

35. Nr. 77. 5 Stb. in quer 4°, von derselben Hand geschrieben. Angebunden an Jacomo Regnart's Il 2. libro delle Canzone, 5 voci. Norib. 1581. Alle 29 Nrn. sind für 5 St. Am Anfang „Index Madrigalium." Ein Autor wird nirgends genannt.

1. De la mia cruda sorte.
2. Setra uerdi arbufcelli.
3. Margaritta da corai lena.
4. Il vago (so im Index; in d. Notenschrift selbst fehlt der Text).
5. Se desio diffugir.
6. Sine textu (so die Bez. im Ind.)
7. O Domine Jesu Christe (in d. Notenschr. fehlt der Text).
8. Tirinto se crud' orsa.
9. Perche mi fuggio bel Tirinto.
10. S' io uolefse negar Clori.
11. Ecco l'Aurora a noi rimena il giorno.
12. Apena poteu' io bella Sicori.
13. Gia vifs' io prefso a te felice e lieto.
14. L' altr' hier cola su quelle piagge alpi.
15. Questo per te serb' io che pur vorrei trouar.
16. Cosi sempre fofs' io legato.
17. Mille fiate ho gia senza custode.
18. Chi dice che ferito amor.
19. Sim' el' attender più noioso e lungo.
20. Chi fa che d'altra paftorella.
21. Suggea la bella clori.
22. Rigira il guardo de begl' occhi.
23. Tu fuggi e uedi ch' io mi strugg' ed ardo.
24. Pastorella se sai il mio desio.
25. Queste ch' io colsi dianzi.
26. Per che quel di che si cortese e bella.
27. Sai tu Fillide mia dou' hogg' io deggia.
28. Ti dirò molti uersi.
29. Gestant iam Mufae uiridantes arbore ramos.

Register
zu den Musik-Handschriften der Kgl. Ritter-Akademie zu Liegnitz.

NB. Die erste Zahl deutet die laufende Nr. der Mss. an, die zweite und folgenden beziehen sich auf den Inhalt derselben.

Anonymi.

Der mannigfache Inhalt ist eingeteilt in
1. deutsche geistliche Lieder und Gesänge,
2. deutsche weltliche Lieder,
3. italienische und französische Lieder,
4. Instrumentalpiècen,
5. lateinische geistliche und weltliche Gesänge.

Allein Gott in der H. 4 v. 22, 2. — 8 v. 4, 12.
Allein zu dir H. J. 4 v., 22, 3.
Also hat Gott 4 v. 27, 49.
Am Sabatth früh Marien drey. 15, 1.
Aus Zion dir geschicht 4 v. 22, 1.
Bewahr mich Herr 4 v. 19, 6. — 22, 11.
Bleib bei uns Herr 4 v. 17, 9.
Bufspsalmen (7) deutsch 4 v. 19, 17.
Christe der du bist (4mal) 4 v. 20, 3—7. — 3 v 14, 34.
Christo, der Engel Zier 4 v. 25, 51.
Christ ist erstand. 4 v. 24, 85.
Christus ist auferst. 5 v. 25, 42.
Christum wir sollen lob. 5 v. 25, 16.
Christus ist erstand. 4 v. 25, 43
Da Christ sein Jünger 4 v. 20. 13
Da Christus geboren 4 v. 23, 37.
Da der Herr Chr. zu T. 4 v. 33, 9.
Da der Sabbath verg. war 8 v. 25, 50.
Da die Zeit erfüllet 4 v. 23, 22. — 25, 38.
Da Israel zog aus Eg. 4 v. 25, 49.
Da Jesus an dem Creutze 3 v. 14, 35.
Das alte Jahr ist nun 6 v. 23, 7. — 25, 27.
Das alte Jahr verg. 4 v. 17, 12. — 12 v. 24, 11.
Das Jesus Chr. verraten 4 v. 33, 8.
Das neu geborene K. 8 v. 16, 4.
Das schiflein Christi mit Wellen 5 v. 23, 36.
Das Volk aber das vorging 4 v. 20, 11.
Dem Vater in des Him. 4 v. 25, 84
Denk mensch wie 4 v. 20, 17.
Den Vater dort oben 4 v. 25, 82.
Der du bist drei 4 v. 25, 74.
Der Geist des Herren 5 v. 25, 61.
Der Herr hat mich 5 v. 25, 78.
Der H. ist erst. 4 v. 24, 91
Der Herr sprach zu m. H. 4 v. 25, 48.

Der lontz ist uns d. J. 1. Q. 4 v. 23, 13.
Des hlg. Geistes reiche gn. 4 v. 20, 12. — 23, 16. — 25, 64.
Des Königs fahn 4 v. 20, 15.
Dich prüfsen wir 5 v. 20, 19.
Die Himmel allzumal 4 v. 22, 22.
Dies ist der Tag 8 v. 25, 37.
Du Friedensfürst 4 v. 20, 22.
Du junger Knabe 4 v. 20, 20.
Durch Adams Fall 4 v. 22, 21.
Du schöpfer aller Ding 4 v. 20, 14.
Ein Engel schon aus G. 4 v. 23, 9. — 25, 39. [4 v. 25, 13.
Ein Kind ist uns geb. 6 v. 25, 11. —
Ein schönen Garten 5 v. 34, 6.
Ein tugends. Weib 6 v. 24, 42.
Erbarm dich mein 4 v. 22, 29.
Erhalt uns Herr 4 v. 20, 26. — 23, 23 — 6 v. 24, 49.
Es ist der weg 4 v. 20, 27.
Es ist das heil 4 v. 22, 30.
Es ist ein grofs. Proph. 5 v. 31, 165.
Es spricht der Unweisen 5 v. 24, 69.
Es stehn für G. Throne 4 v. 22, 28.
Es war ein gottfürcht. 4 v. 20, 28. — 23, 43.
Es werden nicht alle 6 v 31, 172/3.
Für Freuden last 5 v. 20, 32. — 25, 31.
Fürwahr nun Israel 4 v. 19, 25.
Gebenedeit sei Gott 5 v. 25, 67.
Geboren ist uns heut 8 v 25, 20.
Gegrüfst sei der T. 4 v 20, 35.
Gegrüfst seistu o Jes. 5 v. 20, 37.
Geh deinen Weg 5 v. 24, 79. — 32, 15. — 4 v. 27, 54. [17, 83.
Gelobet sei d. Herr 4 v. 25, 79. — 5 v.
Gelobt sei Gott 4 v. 20, 31.

Musik-Handschriften a. öffentl. Bibl. 1. Bd.   8

Gelobet seyst du 4 v. 14, 32.
Gen himmel fehrt 4 v. 25, 56.
Gott dem Vater im h. 4 v. 25, 73.
Gott der Vater wohn 4 v. 25, 72.
Gottes Sohn ist kom. 4 v. 25, 9.
Gottes Sohn ist Mensch 5 v. 24, 74.
Gott Vater im H. 4 v. 20, 36.
Herr Christ dein Zuk. 4 v. 25, 33. 94.
Herr Christ der einig 4 v. 25, 91.
Herr für mich in dein H. 4 v. 24, 89.
Herr Gott nach deiner 4 v. 22, 36.
Herr Gott Vater 1 v. 22 Nachtrg.
Herrlich heut aufgef. 4 v. 25, 57.
Herr zur Zucht 4 v. 22, 35.
Heut hat der Siegesf. 6 v. 24, 51.
Heut hat des Weibs Same 4 v. 24, 90.
Heut singt die lieb. Chr. 4 v. 25, 104.
Heut triumph. G. S. 6 v. 23, 10. — 25, 45. [42. — 23, 38.
Hilf Gott mein H. 4 v. 19, 28. — 20,
Hör u. mork lieber M. 4 v. 20, 41.
Hosianna dem Sohne 4 v. 17, 35. — 5 v. 23, 1.
Ich danke d. Herrn 4 v. 25, 65. 83.
Ich ruf zu dir 4 v. 22. 40. — 5 v. 22, 46. — 24, 70.
Ich sage euch dieser g. 4 v. 31, 177.
Ihr Himmel lobt 4 v. 25, 99.
Ihr Männer v. Galiläa 5 v. 25, 54.
In deinem gr. zoren 4 v. 22. 39.
In dir ist freude 5 v. 18, III. 26.
In feste resurrect. deutsch. 4, 8.
Ist nicht Ephraim 4 v. 27, 55.
Jesu nu sei gepreiset 4 v. 23, 5. — 25, 22.
Jesus Christus unser Heil. 5 v. 25, 44.
Joseph in Ägypten verk. 4 v. 18, III. 44.
Joseph war da 6 v. 20, 48.
Kompt her zu mir 4 v. 22, 47.
Kyrie fons bonit. deutsch 4 v. 25, 68.
Lass mich Herr 4 v. 22, 49.
Lasst uns frölich sein 4 v. 25, 88.
Lass uns preisen 4 v. 20, 59.
Lobe den Herrn 5 v. 20, 56.
Lobet den Herrn a. H. 3 v. 27, 53. — 4 v. 25, 93. 101.
Lobet den Herrn ihr 5 v. 25, 98.
Lobet G. im Himmelr. 4 v. 22, 48.
Lobet heut Marien 5 v. 24, 72. — 25, 34.
Lob sei dem allmächt. 4 v. 22,50. —25,40.
Lobsinget Gott 5 v. 17, 52.
Mag ich unglück. 4 v. 19, 9. — 20, 60.
Magnif. deutsch 4 v. 25, 10. — 6 v. 25, 24.
Maria Jungfr. Kgl. 5 v. 25, 97.
Maria Magdalena 5 v. 24, 52.
Mein Freund komme 4 v. 27, 16.
Mein Gott ach wie verstöfstu 4 v. 23, 27.
Mein Hüter und mein hirt 4 v. 22, 53.
Meine Seel mit 4 v. 19, 12.

Mein Seel erhebt d. H. 4 v. 25, 92.
Mein Zung nu frölich 4 v. 20, 61.
Mensch wiltu leben 4 v. 22, 52
Nu bitten wir d. hlg. G. 4 v. 25, 62. — 5 v. 24. 73. [— 25, 59.
Nun freut euch Gottes K. 4 v. 22, 59.
Nun freut euch lieb. Chr. 4 v. 22, 63.
Nu ihr Völker all 4 v. 25, 55.
Nun ist es Zeit zu sing. 4 v. 18, III. 29.
Nu kom der H. Heil. 4 v. 22, 65. — 25, 8.
Nu lässest du Herre 5 v. 25, 30.
Nu lasst uns alle 4 v. 25, 26.
Nun last uns G. 4 v. 22, 63.
Nun lob mein Seel 4 v. 22, 60/1. — 25, 80. — 5 v. 24, 71.
Nun preis mein seel 4 v. 25, 85.
O barmherziger Vater 4 v. 26, 293.
O Gott der du ein 4 v. 19, 26.
O Herre G. mein not 4 v. 24, 86.
O Herr hoch in des 4 v. 19, 27.
O höchster Gott 4 v. 19, 43. — 22, 67.
O Jesu Chr. qui es sap. 1 v. 22 Nachtrg.
O Licht heilig Dreif. 4 v. 20, 66. — 25, 70.
O Mensch bedenk 4 v. 20, 67.
O welt ich mufs dich lass. 4 v. 22. 68.
Passion. deutsch 18, II. 67.
Höret das leiden nach Joh. 4 v. 24, 81.
Seht heut an wie d. Messias 4 v. 20, 73.
Seid frölich u. jubil. 5 v. 23, 4.
Selig ist der gepreiset 4 v. 23, 28.
Sind ihr nicht Zehn 4 v. 31, 180.
Singen wir frölich 4 v. 20, 72.
Stehe auf und eile 5 v. 25, 90.
Trachtet am ersten 4 v. 31, 164.
Treufelt ihr Himmel 6 v. 25, 1.
Und als er nahe hinzu 4 v. 31, 176.
Und das Wort ist fl. 6 v. 25, 14.
Und d. Herr lobete 4 v. 31, 174.
Und er verbot ihnen 6 v. 31, 178
Und er wandte sich 4 v. 31, 179.
Uns ist ein Kindlein 4 v. 17, 79.
Uns ist geboren 4 v. 25, 15.
Vater unser 4 v. 22, 91. [25, 17.
Vom Himmel hoch 4 v. 14, 38. — 5 v. 25, 93.
Von Gott will ich n. l. 4 v. 20, 78.
Von Joseph dem z. Helt 4 v. 33, 7.
Von S. Johannes d. hlg. 4 v. 25, 81.
Wär Gott nicht mit uns 4 v. 22, 99.
Was fürchst du F. 5 v. 25, 28.
Weis Gott das ich es 34, 5.
Wenn m. Stündlein 4 v. 20, 90. — 22, 101.
Wer in guter hofnung 4 v. 19, 14.
Wer nicht mit den gottl. 4 v. 22, 98.
Wer seinen Vater ehret 6 v 24, 41
Wer sich selbst erh. 6 v. 31, 166.
Wie im gesetz 4 v. 25, 32.
Wie nach einer Wasserq. 4 v. 22, 100.
Willkommen werte Zeit 4 v. 25, 41.

Wir Christenleut 4 v. 25, 29. — 33, 2.
Wir danken dir H. J. Chr. 4 v. 25, 60.
Wir danken dir von hertz. 4 v. 25, 103.
Wir wollen singen 3 v. 20, 86.
Wolan so kommet 4 v. 20, 91.
Wol deme der aus G. R. 6 v. 24, 43.
Zu Bethlehem ein kind 4 v. 17, 86.
Zu dieses Lämleins 4 v. 20, 94.
Zu dir von herzen gr. 4 v. 22, 102.
Aufserdem befinden sich noch 53 in Nr. 11.
7 in Nr. 12. 1 in Nr. 13. 105 in Nr. 15.
12 in Nr. 16. 30 in Nr. 18, I. 32 in
Nr. 18, II; 15 im III. und 3 im IV. Teil.

Ach edles Bild 4 v. 34, 8.
Der lentz ist uns des J. 4 v. 18, II. 22.
Der May der May bringt 5 v. 18, III.
11. — 33, 3.
Der Mai kompt nu 5 v. 24, 65.
Der Weiber gmüt 4 v. 31, 183.
Des Nachts in meinem Bette 5 v. 20, 95.
Du hast mich sollen 5 v. 31, 68.
Du lentz ein gutes J. 4 v. 18, II. 18.
Echo, Echo, hoho, wo bistu? 6 v. 32, 10.
Frisch auf singet 5 v. 18, III. 18.
Gott grüfs mir die 4 v. 31, 184.
Herzlich thut mich erfr. 4 v 33, 6.
Ich bin der Blumen eine 4 v. 19, 7.
Ihr alten pflegt zu sagen 4 v 18, III. 46.
Mancher der spricht 28, 1.
Mit tantzen u. mit spr. 4 v. 31, 181.
Nun schlaf mein lieb. kind. 4 v. 18, II. 61.
Proficiat ihr lieb. H. 29.
Schons lieb, was hab ich 5 v. 32, 24.
Singet frisch u. wohlgem. 5 v. 25, 19.
So wünsch ich ir 5 v. 32, 21.
Welcher wird mir 4 v. 31, 185.
Wie lieblich ist die Sommerz. 4 v. 22, 97.
Wir sollen singen heut 3 v. 18, II. 73.
Wo jemand lust z. Bul. 4 v. 31, 182.
Wolauf ihr Musicanten 5 v. 18, III. 41.

A lieta vita amor 5 v. 24, 62.
Bianchi cignie 6 v. 31, 135.
Dispensier in pensier 5 v. 24, 63.
In dir che sette 6 v. 31, 132.
Io son ferito 5 v. 31, 133.
Io son restato 6 vo. 24, 44.
L'aura soave 4 v. 31, 137.
Misera che farò 5 v. 31, 139.
Quando fra bianche 5 v. 31, 168.
Rimanti amor 5 v. 31, 140.
Sola soletta 5 v. 31, 136.
Tant nous alez 6 v. 24, 45.
Canzonette d'amore 4 v. 50 Nrn. in 31, 163.
26 Canzonen zu 5 St. in 35.

Galliarde 5 v. 24, 76.
Paduane, englisch 5 v. 24, 75.
Lachrymae: Paduan 5 v. 24, 78.

Adaperiat Dnus. 4 v. 26, 49.
Ades pater supreme 18, II 4 u. 6 andere
lat. Gesänge. — 18, III. Tl. 17 lat.
Gesge. u. 8 im IV. Tl.
Adjuro vos 6, 13. — 26, 54.
Ad te Dne. 7 v. 26, 34.
Ad te suspiram. 4 v. 31, 4.
Aeterno gratias 4 v. 21, 28. — 27, 73.
Alleluja tulerunt 2 v., 31, 8.
Alma redemtoris 4 v. 7, 10.
Amator ardentiss., in 10 part. 6, 16.
Ardens cor meum 2 v. 26, 211.
Ardens est cor 4 v. 26, 93.
Ascendit Christus 4 v. 23, 14.
Ascensionis hodie 2 v. 14, 8 u. noch 13
zweist. lat. Gesänge.
A solis ortus 4 v. 17, 1.
Asperges me 4 v. 22, 4.
Audivi vocem 4 v. 26, 55.
Ave Christe rex 2 v. 26, 98.
Ave Maria 6 v. 7, 12—15. 24. — 4 v. 7,
47. — 22, 5. — 26, 88. — 5 v. 31, 45.
Ave regina coelor. 2 v. 26, 263.
Beata Barbara 6 v. 31, 88.
Beata es virgo 2 v. 14, 6. — 4 v. 22, 10.
Beati omnes 2 v. 26, 83.
Beatus Laurent. 5 v. 31, 12.
Beatus vir qui 6 v. 24, 40.
Benedicam Duo. 5 v. 22, 9.
Benedicamus Dno. 4 v. 22, 7.
Benedic anima 4 v. 26, 69.
Benedicite Dno. 4 v. 17, 8. — 21, 31.
Benedicta sit 4 v. 22, 8. [23. 72.
Benedictus Dnus. 4 v. 21, 27. — 27,
Bonum est confit. 2 v. 26, 57. 99.
Cantabant cant. 6 v. 31, 2.
Cantate Dom. cant. 2 v. 26. 224. — 4 v.
17, 11. — 5 v. 26, 46. — 6 v. 22, 18.
Cant. Dno. quoniam 4 v. 26, 60.
Caro mea vere 5 v. 31, 47.
Christe fili Dei 4 v. 22, 13.
Christum captum v. 10, 3.
Coecus quidam 4 v. 26, 32.
Coenantibus illis 5 v. 31, 29.
Confitebor Angelor. 2 v. 26, 84.
Confitebor tibi 21, 13. — 22, 14. —
26. 61. — 31, 39. [22, 16.
Confitemini Dno. 4 v. 26, 59. — 5 v.
Congratulamini mihi 8 v. 16, 117.
Congratulamini nunc 5 v. 16, 29.
Congrega Dne. 5 v. 31, 48.
Consolabitur ergo 4 v. 26, 64.
Credidi propter 2 v. 26, 78. — 5 v. 22, 19.
Crucem sanctam 5 v. 31, 9.

8*

Cum barbaris 4 v. 19, 24.
Cum ignoremus 4 v. 22, 12.
Cum invocarem 6 v. 22, 17.
Da pacem 4 v. 6, 7.
Decalogus 5 v. 31, 131.
Decantabat populus 6 v. 26, 121.
Deo gratias 4 v. 22, 20.
De profundis 2 v. 26, 81.
Derelinquat 5 v. 31, 30.
Deus canticum 4 v. 26, 67.
Deus creator 4 v. 20, 16.
Deus D. meus 4 v. 26, 63. [22, 27.
Deus in adjutor. 5 v. 22, 24. — 4 v.
Deus misereatur 8 v. 27, 12
Deus noster refug. 4 v. 22, 25.
Deus qui dedisti 5 v. 31, 16.
Deus qui Susannam 8 v. 32, 1. [17, 17.
Deus spes nostra 6 v. 26, 35. — 5 v.
De ventre matris 4 v. 21, 25. — 27, 8.
Dicimus grates 4 v. 21, 34. — 27, 75.
Dies absoluti 4 v. 19, 10.
Dies sanctific. 4 v. 27, 22.
Dixit Dnus. 2 v. 26, 247. — 21, 12.
Dne. ad adjuv. 2 v. 27, 1.
Dne. in virtute 8 v. 31, 42. [32, 7.
Dne. J. Chr. respicere 5 v. 22, 26. — 6 v.
Dno. probasti 2 v. 26, 80.
Dne. rex pater 22, 23.
Dum complerentur 4 v. 17, 18. — 5 v. 31, 22. — 8 v. 19, 33.
Dum tibi vernat 4 v. 20, 18.
Duo Seraphim 5 v. 26, 166.
Ecce adveniet 4 v. 21, 39 — 27, 33.
Ecce anuncio 5 v. 24, 56.
Ecce Dnus. veniet 5 v. 17, 19.
Ecce Maria genuit 5 v. 16, 25.
Ecce quam bonum 6 v. 26, 41.
Echo quid resonas 10 v. 24, 14.
Ego autem 4 v. 26, 66.
Ego dormio 5 v. 32, 17.
Ego sum panis 4 v. 26, 51. — 5 v. 31, 11.
Egredimini et videte 5 v. 26, 197.
Eructavit cor 4 v. 26, 56.
Et Jesum unigenit. 6 v. 31, 5.
Et valde mane 21, 15.
Exaltabo te Dne. 5 v. 26, 33.
Exaudi me 6 v. 31, 175.
Ex legis observ. 4 v. 12, 14. — 23, 8.
Exultate justi 4 v. 17, 25.
Exultent et laet. 4 v. 26, 31.
Factum est proelium 4 v. 17, 28.
Festum nunc celebre 7 v. 18, 7.
Fiat cor meum 5 v. 33, 5.
Fit porta Chr. 21, 5. — 4 v. 27, 65
Fortis Deorum 20, 33.
Fuge, fuge dilecte 3 v. 17, 30.
Fulgete coeli sidera 5 v. 16, 39.
Gaudeamus omnes 4 v. 21, 30. — 27, 13.

Gaude Barbara 5 v. 31, 32.
Gloria tibi 22, 31. — 4 v. 27, 50.
Grates nunc 4 v. 22, 34. — 27, 56.
Gratias agimus 4 v. 22, 32.
Gustate et videte 5 v. 22, 33.
Haec est dies 4 v. 17, 36. — 22, 37.
Hic est discipulus 5 v. 31, 18.
Hic panis 4 v. 6, 2.
Hi sunt quos habuim 5 v. 22, 38.
Hodie nata est 5 v. 31, 13. [16, 177.
Homo quidam fecit 2 v. 26, 199. — 8 v.
Homo quidam desc. 4 v. 26, 39.
Hostia Herodes 4 v. 21, 37.
Huc ades et nostris 10 v. 24, 15.
Ibant magi 4 v. 27, 63.
Imple os nostrum 4 v. 17, 40.
Inclytae sancte 5 v. 31, 49.
In convertendo 2 v. 26, 79. — 6 v. 22, 45.
In dedicatione 5 v. 26, 213.
In Deo salutare 6 v. 31, 1.
In dulci jubilo 4 v. 16, 15.
In exitu Isr. 2 v. 26, 74. — 21, 14. — 4 v. 20, 49. — 5 v. 27, 68.
In labore requies 22, 44.
In lectulo meo 4 v. 7, 28. — 5 v. 7, 29.
In me transierunt 5 v. 22, 43.
In natali Dni. 4 v. 12, 7. [39.
In principio 4 v 27, 36. 58. — 5 v. 17,
Intonationes 8 tonor. 4 v. 22, 41. 42.
Introitus in F. Mich. 5 v. 27, 26.
5 Introitus 1 v. 11 am Schluss.
Jesum quaeram 6, 11.
Jesus in qua nocte 5 v. 31, 36.
Kyrio eleison 3 v. 26, 210. — 5 v. 20, 52. 54. — 8 et 6 v. 31. 187/8.
Kyrie eleis., Missa 4 v. 21, 26 [40.
Kyrie fons 4 v. 17, 45. — 21, 3. — 27,
Kyrie paschale 5 v. 25, 46.
Kyrie super Ne timeas 5 v. 25, 86.
Kyrie sup. Sidus 5 v. 27, 34.
Laetamini cum Maria 2 v. 14, 5.
Laetamini in Dno. 4 v. 20. 57.
Laeta quid ore 10 v. 24, 16.
Laetentur coeli 4 v. 26, 65.
Lapidabant Steph 5 v. 31, 17.
Lauda Jerusal. 2 v. 26, 77.
Laudate Dnum. 2 v 26. 75. 251. — 4 v. 17, 49. — 21, 4. — 8 v. 27, 21. — 31, 43. [8 v. 31, 40.
Laudate pueri 4 v. 20, 58. — 24, 83. —
Locutus sum 5 v. 22, 51.
Magna fecit 5 v. 24, 27.
3 Magnif. 4 v. 22, 56—58. — 21, 29. — 25, 35. 86. 105. — 27, 59. — 5 v. 26, 76. — 6 v. 8. — 9 Magn. 9. — 26, 220. — 31, 50—52.
Magnif. anima 2 v. 26, 85.
Maria virgo 5 v. 24, 54.

Memento Dne. 2 v. 26, 82.
Memor esto 5 v. 31, 27.
Miserere mei 4 v. 22, 54. — 27, 14.
Missa 4 v. 27, 9. 14. — 4, 11. — 5 v. 4, 10. — 6 v. 25, 12. — 7 v. 3.
Missa in festo resurrect. 5 v. 4, 7.
Missa: Sidere claro 5 v. 21, 40.
Missa: Vestiv' ai colli 5 v. 31, 146.
Mittit ad virg. 4 v. 21, 41. — 27, 35.
Musica germana 6 v. 31, 157.
Nesciens mater 5 v. 16, 2.
Nigra sum 2 v. 26, 89.
Nisi Dnus. 2 v. 26, 76.
Nobis et natus 4 v. 16, 24.
Nolite quaerere 4 v. 22, 64.
Non est bonum 8 v. 26, 38.
Non potest arbor 22, 66. [— 27, 64.
Nunc dimittis 4 v. 12, 13. — 5 v. 24, 55.
O admirabile commerc. 5 v. 16, 26.
O altitudo divit. 6 v. 22, 72.
O beata et glorios. 5 v. 31, 10.
O beatum pontific. 5 v. 31, 15.
O beatum virum 5 v. 31, 14.
O crux ave 5 v. 24, 57.
O Domine J. Chr. adoro 1 v. 10, 2. — 2 v. 26, 101. — 4 v. 22, 71. — 26, 68. — 8 v. 19, 15.
O florens rosa 4 v. 7, 27. [27, 71.
O lux beata 4 v. 17, 63. — 21, 24. —
Omnes gentes 4 v. 17, 61. — 26, 53.
Omnes sitientes 5 v. 22, 70.
Omnia quae fecisti 5 v. 22, 69.
O rex gentium 6 v. 22. 73.
O sacrum conviv. 5 v. 31, 28.
Osculetur me 4 v. 26, 91. — 5 v. 7, 30.
O virgo simul 5 v. 31, 26.
Pacem tuam quaes. 4 v. 22, 75.
Pange lingua 4 v. 20, 68.
Paratum cor meum 4 v. 26, 40.
Parvulus nobis 4 v. 12, 11. — 16, 22. — 23, 2. — 27, 57. [31, 35.
Peccantem me quot. 4 v. 22, 74. — 5 v.
Proelia sunt belli 8 v. 24, 8.
Providebam Dnum. 6 v. 31, 6.
Psallite unigenito 4 v. 12, 2. — 16, 20.
Puer natus 4 v. 17, 68. — 21, 88. — 22, 77. — 27, 31. — 5 v. 16, 38.
Pulchra es 6 v. 31, 23.
Pascha nostrum 4 v. 21, 9.
Passio Dn. sec. Matth. 6 v. 18, IV. 33.
Passio Dni. sec. Matth. 24, 82.
Pater noster 5 v. 19, 29. — 31, 44.
Pater peccavi 4 v. 22, 76.
Quam pulchri sunt 5 v. 31, 20.
Quadraginta annis 2 v. 26, 104.
Quae habitas 4 v. 26, 62.
Quem pastores 17, 69. — 4 v. 20, 69.

Quem vidistis past. 5 v. 16, 30.
Quis sicut Dnus. 8 v. 31, 41.
Quomodo ceciderunt 6, 15.
Recordare Jesu 1 v. 10, 1. [36 50.
Regina coeli 4 v. 7, 8. 9. 5 v. 7, 25. —
Resonet in laud. 4 v. 27, 61. — 5 v. 23, 3.
Rex regum 4 v. 24, 84.
Rorate coeli 4 v. 21, 2 — 27, 29.
Salvo aeternum 6 v. 31, 3.
Salve Christi 6, 14.
Salve festa 21, 6.
Salve parvulo 4 v. 16, 16.
Salve regina 2 v. 26, 218. — 4 v. 7. 34. — 5 v. 7, 3. 35. — 6 v. 7, 23.
Sanguine proprio 4 v. 22, 79.
Servite Dno. 22, 84. [10.
Si bona suscep. 4 v 26, 96. — 5 v. 34.
Sicut lilium 5 v. 31, 19.
Sicut mater 5 v. 22, 81
Spiritus sancti 4 v. 17, 75.
Stabunt justi 5 v. 22, 82.
Summam quae doc. 4 v. 20. 74.
Super flumina 8 v. 26, 42. 118.
Surrexit Dnus. 2 v. 14, 7. — 4 v. 22, 80.
Surrexit pastor 4/5 v. 33, 11.
Te aeternum patr. 5 v. 22, 85.
Te deum 2 v. 26, 226. — 6 v. 22, 86. 88.
Te invocamus 4 v. 22, 90.
Transeunte Dno. 5 v. 24, 59. [31, 87.
Tribularer si nesc. 5 v. 22, 87. — 6 v.
Tristis est 8 v. 26, 272.
Tunc Jesus subduct. 4 v. 20, 77.
Turba multa, in 7 p. 6, 18.
Veni in hortum 26, 27. — 8 v. 19, 37.
Veni novena 4 v. 32, 22.
Veni redemptor 4 v. 21, 35. — 27, 37.
Veni sancte 4 v. 27, 47.
Venite et videte 6 v. 26, 36.
Venite exultemus 4 v. 26, 45.
Verbum supernum 22, 92
Vere languores, in 2 p. 6, 17.
Vexilla regis 4 v. 19, 2.
Videns Jacob vest. 5 v. 22, 95.
Vidi speciosam 6, 12.
Vidi turbam 8 v. 31, 24.
Vigila super nos 22, 94
Virga Jessae floruit 4 v. 12, 1. — 16, 18.
Virgo prudentissima 7 v. 31, 25.
Viri Galilaei 5 v. 31, 21.
Vitam quae fac. 4 v. 20, 79.
Vitam quae est 4 v. 26. 278.
Vita sanctor. 2 v. 27, 46 — 4 v. 21, 16. — 27, 69.
Vivite foelices 3 v. 34, 2.
Vocem jocund. 4 v. 26, 58.
Vota mea Dno. 5 v. 22. 93.
Vulnerasti cor 5 v. 32, 26/7

Autoren.

Agazzari, Agostino.
Tristis est anima mea 8 v. 16, 96.
Agricola, Johann.
O altitudo divit. 8 v. 26, 112.
Aichinger, Gregor.
Maria virgo regia 5 v. 15, 184.
Ammon, Blasius.
Cantate Dno. cant. 3 v. 26, 145.
Ancrio, Felice. [40. — 19, 34.
Tibi laus 2 v. 26, 174. — 8 v. 18, IV.
Annibale Padoano.
Dne. lingua dol. 8 v. 26, 144.
Apelles, siehe **Löwenstern.**
Arnoni, Guglielmo.
Ascendisti in altum 6 v. 16, 139.
Cantabo Dno. 6 v. 16, 197.
Indica me Dne. 6 v. 16, 84.
Asula, Matteo.
Cantate Dno. cant. 4 v. 26, 128.
Salve regina 6 v. 7, 43.
Baccusi, Hypolito.
Si bona suscepimus 6 v. 24, 38.
Bagni, Benedetto.
Decantabat populus 6 v. 26, 52.
Exultemus Dno. 8 v. 16, 200.
O Dne. Jesu Chr. 8 v. 16, 186.
Vocem jucunditatis 8 v. 16, 134.
Balbi, Ludovico.
Hodie Christus natus 7 v. 16, 5.
In dedicatione templi 8 v. 16, 204.
Omnes gentes plaud. 8 v. 16, 143.
Plaudat nunc organis 8 v. 16, 59.
Quemadmodum desid. 6 v. 31, 162. —
8 v. 16, 182.
Balloni, Girolamo.
Alleluja surrexit Christus 6 v. 16, 108.
Banchieri, Adriano.
Adversum me 2 v. 14, 24.
Bonum mihi 2 v. 14, 21.
Deus canticum 2 v. 14, 25.
Dne. Dnus. noster 2 v. 14, 26.
In convertendo 2 v. 14, 20.
Misericordias Dni. 2 v. 14, 23.
O vere digna 2 v. 14, 22.
Vox dilecti mei 2 v. 14, 27.
Baroti, Scipione.
Caligaverunt oculi 8 v. 16, 95.
Dne. Jesu Christe 8 v. 16, 80.
Bassano, Giovanni.
Cibavit nos 2 v. 26, 138.
Dic nobis Maria 6 v. 15, 65. — 24, 36.
O Dne. J. Chr. adoro 8 v. 26, 110.
Bertholusius Vincentius.
Caro mea et sanguis 8 v. 16, 178. 179.
Dne. ante te Dne. 6 v. 16, 67.
Laetare Hierusal. 8 v. 16, 81.

Berti, Carolo.
Ascendit Deus 5 v 26, 175.
De ore prudentis 4 v. 26, 139.
Besler, Samuel.
Mittit ad virginem 4 v. 17, 53. [II. 60.
Nu lasst uns alle fr. 4 v. 17, 57. — 18,
Nunc angelorum 4 v. 17, 60
Triga Piccardiana Evang. 1.
Virgine prognatus 1627. 8 6.
40 geistl. Gsge. zu 4 St. 2.
Bianciardi (Bianchiardus) Francesco.
Ave gratia plena 6 v. 16, 60.
Ave rex noster 8 v. 16, 98.
Extollens vocem quaed. 6 v. 16, 83.
Exurgat Deus 5 v. 26, 269.
Omnia quae fecisti 8 v. 16, 74.
O pretiosum et admir. 5 v. 16, 158.
Regina coeli 6 v. 7, 40.
Surgite pastores 5 v. 16, 7.
Billi, Lucio, Ravennatis.
Voce mea ad Dnum. 8 v. 16, 77.
Bonhomius, Petrus.
Gratuletur Chorus 2 v. 26, 214.
Hortus conclusus 4 v. 26, 129.
In lectulo meo 5 v. 26, 208.
In nomine Jesu 2 v. 26, 207.
Magnif. 4 v. 26, 221.
Omnes gentes 2 v. 26, 209.
O salutaris 2 v. 26, 212.
Plaudite nunc 2 v. 26, 219.
Procinite Dno. 6 v. 26, 210.
Super flumina 2 v. 26, 217.
Veni de Libano 4 v. 26, 215.
Borsari, Arcangelo.
Congratulamini mihi 6 v. 16, 111.
Sit nomen Dni. bened. 8 v. 16, 46.
Bossellus, Christian, Pommeranus.
Herr deine Gerechtigk. 6 v. 24, 50.
Brunetti, Domenico.
Ave verum 7 v 16, 169.
Buissons, Michael des.
Ego sum resurrect. 8 v. 26, 157.
Buchw (?).
Ascendit Christus 4 v. 17, 5.
Buel, Christoph.
Bonum est confiteri 8 v. 16, 101.
Expurgate vetus 6 v 16, 110.
Burgk (Burck), Joachim à.
Der Heiland ist erst. 4 v. 23, 12.
Es stehn für Gottes Thr. 4 v. 15, 85.
— 18, II. 26. — 23, 21. — 25,
101.
Höret das leyden unsers H. J. Chr. 4 v.
15, 120.
Höret das Leiden nach Joh. 4 v. 18, II. 39.
Nu ist es zeit zu sing. 4 v. 23, 30.

Calvisius, Seth.
Danksagen wir alle 15, 47.
Es wollt uns G. gnäd. 4 v. 19, 8.
Helft mir Gotts güte 15, 114.
Jam maesta 4 v. 20, 43.
Canalis, Floriano.
Quem vidistis past. 6 v. 16, 3.
Capi Lupi, Geminiani. [26, 105.
Omnes gentes 8 v. 18, IV. 32. — 6 v.
Casali, Lodovico.
Cognoverunt discipuli 8 v. 16, 122.
Gaudens gaudebo 8 v. 16, 51.
Castro, Joan. de.
Regina coeli 5 v. 7, 22.
Catalani, Ottavio.
Ave verum corp. 5 v. 16, 163.
Hodie completi s. 8 v. 16, 151.
Si manseritis 8 v. 16. 154.
Cerdo, Barnaba, di Parma.
Qual tempestoso 5 v. 31, 111.
Spoglia nuvol 5 v. 31, 112.
Chainée, Jean
Peccavi super num 5 v. 17, 65.
Cima, Giov. Paolo.
Misericordias tuas 5 v. 16, 125.
Ornaverunt faciem 5 v. 16, 194.
Clavius, Christoph.
Hodie natus 8 v. 5, 3. — 15, 132. —
Regina coeli 6 v. 7, 6. 49. [23. 25.
Salvo regina 5 v. 7, 42.
Clemens non papa, Jacob.
Pastores loquebantur 5 v. 16, 1.
Pater peccavi 4 v. 26, 153.
Cleve, Joannes de.
Erravi sicut 8 v. 26, 156.
Conversi, Girolamo.
Amor quanto 5 v. 31, 125.
Canzon va al mio 5 v. 31, 91.
Corri mamma 5 v. 31, 81.
Cosi sovente 5 v. 31, 89.
Deh porgemi 5 v. 31, 86.
Donne leggiadre 5 v. 31, 104.
Fuggite l'infedel 5 v. 31, 82.
Io mene volo 5 v. 31, 79.
Madonna poi 6 v. 31, 92.
Nascela doglia 5 v. 31, 84.
Nel tuo fiorito 5 v. 31, 90.
Non dubitar 5 v. 31, 83.
Per che giovine 5 v. 31, 85.
Per questa tua 5 v. 31, 96.
Quand aprir 5 v. 31, 88.
Sciogliami morte 5 v. 31, 122.
S'io t'involassi 5 v. 31, 87.
S'ogn' hor lieto 5 v. 31, 80.
Solo fra mille 5 v. 31, 124.
Tutti correte 5 v. 31, 119.
Cremenander, Hypolytus.
O. Text, 6 v. 26, 206.

Croce, Giovanni.
Benedictus es 2 v. 26, 271.
Buccinate in neomenia 8 v. 16, 201.
Decantabat popol. 6 v. 26, 167.
Incipite Dno. in tymp. 2 v. 26, 270 —
8 v. 16, 206.
O triste spectaculum 8 v. 16, 94.
O viri, o Galilaei 8 v. 16, 142.
Veni in hortum 2 v. 26, 126.
Crotti, Francesco.
Surrexit pastor bon. 8 v. 16, 116.
Daser, Ludwig.
Quemadmodum desid. 6 v. 34, 4.
Delfs, Michael.
Accessit ad pedes 5 v. 31, 171.
Demantius, Christoph.
Et exultavit 4 v. 21, 17.
Magnif. 5. toni 4 v. 19, 4.
Dorati, Girolamo.
Beatus vir 2 v. 26, 72.
Confitebor 2 v. 26, 71.
Dixit Dnus. 2 v. 26, 70.
Laudate pueri 2 v. 26, 73.
Magnif. anima 2 v. 26, 86.
Dragoni, Giov. Andrea.
Cransi chiara 5 v. 31, 99.
Dalle bell' onde 5 v. 31, 127.
Daphne io non 5 v. 31, 102.
Dicosi nobil 5 v. 31, 121.
Dolcissimo riposo 5 v. 31, 129.
Ed onde trepidet. 5 v. 31, 117.
Gia cominciava 5 v. 31, 105.
La bella pargolet. 5 v. 31, 114.
Lasso quanto 5 v. 31, 107.
L'onde de miei 5 v. 31, 120.
Mentre il fattor 5 v. 31, 118.
Nello sparir 5 v. 31, 101.
O di santa 5 v. 31, 100.
O dolorosi amanti 5 v. 31, 98.
Oime trema 5 v. 31, 123.
Più non duolmi 5 v. 31, 106.
Poi ch 'el mondo 5 v. 31, 126.
Qual forza 5 v. 31, 108.
Quanto più manca 5 v. 31, 109.
Scendi ripercoso 5 v. 31, 130.
Usiran dal Tebro 5 v. 31, 103.
Vago ornamento 5 v. 31, 97.
Dressler, Gallus.
Non est bonum 5 v. 31, 156.
Dulcino, Giov. Battista.
Exivi a patre 8 v. 16, 135.
Eberti.
Du Friedenfürst 4 v. 20, 21.
Eccard, Johann.
Christ ist erstand. 5 v. 18, II. 10.
Christus der uns selig 5 v. 15, 34. —
18, II. 8.
Christus lag in T. 4 v. 18, II. 9.

Da Jesus an dem Kr. 5 v. 18, II. 16.
Es ist das Heil 5 v. 18, II. 27.
Gen himmel färth 4 v. 19, 32. — 23, 15.
Gen himmel zu dem Vat. 5 v. 20, 38.
Gott der Vater wohn 5 v. 18, II. 32.
Herr Gott dich loben 5 v. 18, II. 33.
Jesus Christ unser H. 5 v. 18, II. 41.
Kom hlg. Geist 5 v. 18, II. 46.
Komt her zu mir 5 v. 18, II. 47.
Mein Seel erhebet 5 v. 18, II 52.
Nu kom der Heyd. H. 5 v. 15, 189. — 18, II. 57.
O Lamm Gottes 5 v. 18, II. 63.
Elsbeth, Thomas.
Commenda dno. 5 v. 24, 26.
Complacuit dno. 5 v. 24, 25.
Legem pone 5 v. 24, 23.
Nil vigili praestat 5 v. 24, 28.
Vidi dnum. facie 5 v. 24, 22.
Erbach, Christian.
Dne. Dnus. noster 4 v. 26, 125.
Dnus. illuminatio mea 7 v. 16, 98.
Dum transisset 4 v. 17, 15.
Nesciens mater 5 v. 17, 58.
Sanctificavit Dnus. 8 v. 16, 202.
Erbach, Christoph.
Surrexit Christus hodie 5 v. 15, 224. — 18, III. 34.
(Man könnte den Vornamen Christoph für einen Irrtum halten, wenn er nicht in zwei verschiedenen Mss. mit demselben Gesange vorkäme.)
Ertel, Sebastian.
Missa sup. Dne. quis 6 v. 4, 1.
Falgnient, Noë.
Basciami 4 v. 31, 142.
Rendimi 4 v. 31, 138.
Farotti.
Magnif. 5 v. 27, 11. 74.
Felis, Stefano.
Exultate Deo 5 v. 26, 171.
Ferretti, Giovanni.
Quando mirai 6 v. 31, 77.
Süsüsü non piu 6 v 31, 54.
Festa, Costantio.
Hierusalem quae occ. 5 v. 18, IV. 19.
Finetti, Jacopo.
Benedicite omnia 2 v. 13, 1. [27, 25.
Gaudent in coelis 4 v. 15, 107. — 5 v.
Förster, Gregor, aus Neisse.
Gahe m. lieb. Oechsel. 5 v. 34, 3.
Formellis, Guillelmus. [— 24, 34.
Cantate Dno. 6 v. 15, 42. — 18, IV. 4.
Franck, Melchior. [20, 2.
Ach Gott u. Herr 5 v. 19, 44. — 4 v.
Also hat Gott 4 v. 17, 6.
Also wird euch mein 4 v. 17, 7.
Das alte Jahr verg. 4 v. 17, 13.
Gleich wie Moses 4 v. 17, 34.

Herr nun lassestu 4 v. 17, 37.
Magnif. 4 v. 25, 52.
Mein freund komme 8 v. 24, 33.
Quantas ostendisti 8 v. 16, 99.
Wer mich liebet 4 v. 17, 85.
Fritsch (Fritzsch), **Thomas.**
Jesu nu sei gepr. 4 v. 23, 6. — 6 v. 25, 23. — 8 v. 15, 157.
Justus germinabit 5 v. 18, III. 27.
Gabrieli, Andrea.
Benedictus Dnus. 7 v. 26, 196.
Confitemini Dno. 6 v 26. 131.
Exurgat Deus 5 v. 26. 200.
Nel bel giardino 6 v. 31, 141.
Gabrieli, Giovanni.
Audi Dne. hymnum 7 v. 16, 198.
Beati omnes 8 v. 26, 168.
Beati immaculati 8 v. 26, 130.
Cantate Dno. 6 v 24, 39.
Diligam te 8 v. 26, 164.
Dne. Dnus. noster 3 v. 26, 135
Dne. exaudi orationem 8 v. 16, 75.
Ego sum qui sum 8 v. 16, 118.
Exultate justi 4 v. 26, 137.
Jam non dicam 8 v. 16. 150.
Jubilate Deo 4 v. 26. 127
Magnif. anima 6 v 26. 205.
Miserere mei D. 6 v. 16, 66.
Misericordias Dni. 8 v. 26, 107.
O Dom. J. Chr. adoro 4 v. 26, 165.
O Jesu mi dulciss. 8 v. 16, 12.
Gallus, Jacobus, siehe **Handl.**
Gallus, Josephus.
Veni in hortum 5 v. 26, 172.
Gatti, Simone, Venet.
Obsecro vos fratres 8 v. 16, 52.
Salve regina 6 v. 7, 26.
Gaucquier, Alard.
Avo Maria 5 v. 7, 4.
G. R. H. = Georg Rudolf Herzog von Liegnitz.
Ich passiert einmal 2 v. 33, 4.
3 Intonationes 5 v. 33, 10.
Mein Seel erhebet 18, II. 53.
Miserere mei fili 5 v. 33, 1.
O Gott zu d. stindel. 5 v. 33, 13.
Wer Gott allein vertr. 4 v. 33, 12.
Gesius, Bartholomäus.
Ach Gott thu dich erb. 15, 16. [45.
Ach lieben Christen 4 v. 15, 14. — 23.
Ach Gott vom himmel 15, 2. [69.
Allein Gott in der H. 15, 9. — 4 v 25,
Allein zu dir Herr 15, 4.
Als Maria zu Elisabeth 15, 10.
Also heylig ist der Tag 4 v. 15, 5.
Am Sabath frü 4 v. 18, II. 3. [15, 12.
An Wasserflüssen 4 v. 18, II. 1 — 5 v.
Benedicat tibi Dnus. 8 v. 24, 7.

Benedicta sit 4 v. 17, 10. — 21, 23
Christ der du bist 4 v. 15, 40.
Christ lag in todesb. 4 v. 15, 36.
Christ unser Herr 4 v. 15, 31.
Das alte Jahr verg. 8 v. 24, 10.
Dem neugebornen Kindel. 15, 45.
Der Herr ist mein getr. Hirt 15, 53.
Der Herr sprach 4 v. 25, 7.
Der tag der ist so freudenr. 15, 44.
Deus in adjutor. 2 v. 26, 13.
Dies et laetitia 4 v. 15, 43. [II. 17.
Dift sind die heiligen 4 v. 15, 70. — 18,
Dne. ad adjuvand. 4 v. 21, 11.
Durch Adams Fall 15, 58.
Ein feste burg 4 v. 18, II. 24.
Ein Kind ist uns geb. 15, 74.
Erbarm dich mein 15, 82.
Erschienen ist der herrl. Tag 15, 80.
Es ist das heil 15, 83. — 5 v. 18, II.
28. — 20, 23. — 23, 42.
Es ist gewisslich 15, 86. [4 v. 23, 44.
Es spricht der Unweis. Mund 15, 77.
Es wird schier der letzte tag 4 v. 15,
72. — 18, II. 29.
Es wolt uns Gott gnäd. (3mal) 15, 81.
Exultet vera 15, 84.
Festum nunc celebre 4 v. 21, 19.
Gaudete filiae 4 v. 26, 191.
Gelobet sey der Herr 15, 103.
Gelobet seistu J. Chr. 15, 96.
Gen Himmel zu dem Vater 15, 97.
Gloria laus et honor 4 v. 15, 109. [18.
Gott der Vater wohn 15, 100. — 4 v. 23,
Gott hat das Evangelium 4 v. 15, 94.
Gott sey gelobet 15, 101.
Grates nunc 4 v. 17, 31. — 21, 42.
Haec est dies 4 v. 27, 41.
Helft mir Gottes güte 4 v. 15, 115.
Herr Christ der einig 15, 123. — 4 v.
23, 20.
Herr Gott dich loben w. 4 v. 15, 136.
Heut singt die liebe Chr. 4 v. 15, 125.
Heut triumphiret 4 v. 17, 38.
Hosianna d. Sohne 5 v. 25, 5.
Ich ruf zu dir 15, 140. — 4 v. 23, 46.
— 5 v. 18, II. 40.
In dich hab ich 4 v. 15, 189. — 20, 46.
In natali Dni. 15, 137.
Jesus Chr. unser Heylandt 4 v. 15, 145.
149. — 5 v. 18, II. 42.
Jesu wollst uns 4 v. 15, 154. — 27, 52.
Kom Gott Schöpfer 4 v. 15, 164.
Kom heiliger Geist 4 v. 15, 165.
Komt her zu mir spricht 15, 166.
Kyrie eleison 4 v. 17, 46. — 21, 8.
Kyrie magnae 4 v. 17, 44.
Lob sei dem allmächtig. G. 15, 167.
Lobt G. ihr Christen 15, 168.

Lucas thut gar schön 15, 169.
Mag ich unglück nicht w. 4 v. 15, 186.
Mein Herz für frewdt 4 v. 18, II. 54.
Menschen Kind merk 4 v. 15, 177. —
25, 2.
Mensch wiltu leben seliglich 15, 180.
Missa 4 v. 27, 44.
Nobis est natus 15, 191.
Nu bitten wir d. hlg. Geist 4 v. 15, 195.
Nu freut euch G. Kinder 15, 194. —
4 v. 18, IV. 27.
Nu kom der heyden H. 4 v. 15, 188. —
18, II. 58 [20, 63.
Nu lasst uns G. den H. 4 v. 15, 198. —
Nu lob mein Seel den H. 15, 196. —
18, II. 59. — 23, 19.
Pange lingua 4 v. 18, IV. 44.
Passio Dni.nostri J. Chr. 4 v 15, 213.
Passio Dni. sec. Matth. 4 v. 17, 67. —
Puer natus 5 v. 17, 66 [19, L
Resurrexi et adhuc 4 v. 21, 7 — 27, 43.
Rorate coeli 4 v. 17, 70. — 21, L —
Salve festa dies 4 v. 17, 74. [27, 39.
Saulus umbs gesetz eifert 4 v. 23, 35.
Spiritus Dni. replev. 4 v. 17, 73. — 21,
Surrexit Christus 4 v. 18, III. 35. [20.
Vater unser im H. 4 v. 15, 233.
Veni sancte sp. 4 v. 21, 21.
Vergebens ist all müh 4 v. 19, 42.
Victimae pasch. 4 v. 17, 82. — 21, 10.
— 27, 45.
Viri Galilaei 4 v. 17, 83. — 21, 18.
Vom himmel hoch 15, 228. 231.
Vom Himmel kam d. Eugel 4 v 23, 39.
Von St. Johanns dem hlg. Mann 15, 234.
Warum betrübst du dich 15, 247.
Was mein Gott will 15, 251. — 4 v. 20,
Weltlich ehr und zeitlich 15, 248. [93.
Wenn wir in höchsten nöten 15, 250. —
5 v. 20, 81.
Wie schön leuchtet 4 v. 15, 252.
Wir glauben all 4 v. 15, 257. — 20, 84.
Wo Gott zum Haus 15, 246.

Giovanelli, Ruggiero.
Deo omnis terra 8 v. 26, 106.
Jubilate Deo 8 v. 15, 147. — 18, IV. 21.
Kyrie sup. Jubilate 2 v. 26, 265.

Gostena, Giovanni Battista.
Repleti sunt 5 v. 16, 146.
Tulerunt Dnum. meum 5 v. 16, 107.

Greh (Ghro), Johann.
Paduane 5 v. 24, 77.

Gualtoli, Francesco Maria.
Aspice in me Dne. 8 v. 16, 72.
Deus in nomine 8 v. 16, 78.
O venerandum et admirab. 8 v. 16, 190.
Pangamus laeti 8 v. 16, 187. — 31, 161.
Venite edite manna 8 v. 16, 192.

Günther, Georg.
De Passione Dni. meditat. (O Dne. J. Chr.) 31, 144 (fraglich ob Günther der Komp. ist).

Gumpeltzhaimer, Adam.
Ad te levavi 4 v. 26, 22.
Adventu Dni. 4 v. 26, 29.
Beati omnes 4 v. 26, 19.
Beatus vir 4 v. 26, 23.
Benedicta sit 4 v. 26, 26.
Cantabo Dno. 4 v. 26, 20.
Corpora sunt 4 v. 26, 30.
Da pacem 2 v. 26, 7.
Deus in adjutor. 4 v. 26, 1.
Dne. Dnus. noster 4 v. 26, 21.
Dne. quid multipl. 4 v. 26, 28.
Ecce nunc benedic. 8 v. 26, 2.
Ecce quam bonum 4 v. 26, 5.
Felices vere 6 v. 26, 16.
Felix o ter 4 v. 26, 14.
Foedera conjugii 4 v 26, 18.
Jesu rex coeli 4 v. 26, 6.
Jubilate Deo 2 v. 26, 10. — 4 v. 26, 12.
Laudate Dnum. 5 v. 26, 11.
Laudate servi 7 v. 26, 3.
Levavi oculos 4 v. 26, 4.
Moribus in sanct. 4 v. 26, 25.
Ni Deus curet 6 v. 26, 17.
Pastor ovi Dnus. 4 v. 26, 24.
Quare fremuerunt 4 v. 26, 8.
Venit Michael 5 v. 26, 9.

Hallmann, Paul (meist nur P. H. gez., siehe Anmkg. S. 4).
A solis ortus 4 v. 21, 36.
Christum wir sollen loben 15, 32.
Da pacem 4 v. 20, 8.
Heilig ist G. der Herr 4 v. 25, 6.
Ich habe lust abzuscheiden 8 v. 15, 161.
Kyrie 4 v. 4, 3
Magnif. 5. toni 6 v. 19, 5.
Missa 5 v. 25, 43.
Missa: In festo nativit. 6 v. 4, 5.
Missa: Jerusalem 6 v. 4, 4.
Siehe wie fein. Concert 4 14, 30.
Was fürchstu Feind Herod. 4 v. 23, 32.
Wer in guter hoffnung 4 v. 20, 80.
Wer sich wieder die Obr. 5 v. 20, 89.

Hammerschmidt, Andreas.
Alleluja, kommet her 7 v. 13, 2.
Es ist ein gr. Proph. 5 v. 26, 290.
Herr mein Gott 4 v. 26, 289.
O ich elender S. 4 v. 26, 288.

Handl (Händl. Händel, Gallus), Jakob.
Alleluja 8 v. 18, IV. 2.
Audi tellus audi 8 v. 26, 115.
Congregati sunt 4 v. 26, 192.
Cor meum et caro 8 v. 24, 2. [— 27, 18.
Domine quando 6 v. 15, 66. — 18, IV. 10.

Domus pudici 4 v. 17, 14.
Ecce, quomodo mor. 4 v. 15, 79.
Ecce veniet 6 v. 17, 21.
Ehre sei dir Dreifaltigk. 8 v. 25, 75.
Festina ne tardav. 5 v. 17, 26. [16
Gloria tibi 4 v. 26, 193. — 8 v. 18, IV.
Haec est dies 4 v. 27, 42. — 6 v. 24, 47. — 8 v. 15, 118.
Hierusalem gaude 6 v. 15, 113.
Hodie natus est 8 v. 24, 2.
Hodie nobis 8 v. 5, 2 — 15, 133. — 8 v. 18, IV. 20.
Jerusalem jauchze 6 v. 25, 4.
Jocundare filia Syon 15, 160.
Jubilate Deo 4 v. 17, 42.
Laetamini 8 v. 5, 1. — 8 v. 15, 175.
Laus et perennis 4 v. 17, 51. — 26, 119. — 8 v. 15, 169. — 24, 3.
Lob, Ehr, Preis 8 v. 25, 77.
Media vita 4 v. 26, 120.
Non ex virili 5 v. 17, 77. [18, IV. 36.
Quam dilecta tab. 4 v. 26, 195. — 8 v.
Quid admiramini 8 v. 18, IV. 35. — 23, 21. — 24, 1.
Quid gloriaris 6 v. 18, IV. 37.
Repleatur os 5 v. 18, IV. 38.
Veniet tempus 5 v. 26, 190. — 8 v. 15, 236/7. — 18, IV. 43. — 24, 32. —
Veni sancte sp. 4 v. 17, 80. [27, 19.

Hartmann, Heinrich.
Ist nicht Ephraim 8 v. 15, 153.
Laudate nomen Dni. 5 v. 24, 21.

Hassler, Joh. Leo.
A Dno. factum est 5 v. 26, 184.
Aeterni sincera 4 v. 26, 188.
Aeternus vere est 6 v. 15, 21.
Alleluja laudem 5 v. 15, 20. — 18, II. 2. — 19, 45. — 24, 58. — 27, 20.
Als nu erfüllet war 8 v. 25, 63.
An Wasserflüssen B. 5 v. 24, 68.
Ascendo ad patrem 5 v. 17, 3.
Audi Dne. hymnum 8 v. 16, 205.
Beati omnes 5 v. 26, 183.
Canite tuba 5 v. 15, 41.
Confitebor tibi 8 v. 16, 100
Dir sei lob dir sei Pr. 8 v. 25, 71.
Dixit Maria 4 v. 17, 16.
Durch Adams fall 15, 59.
Ego sum resurrectio 4 v. 17, 23.
Esse volens gaud. 8 v. 26, 186.
Exaltabo te Dne. 4 v. 26, 182.
Gaudete filiae 8 v. 24, 5.
Inter natos 4 v. 19, 40. — 27, 7.
Jubilate Deo 5 v. 26, 185.
Jubilate Dno. 6 v. 16, 126.
Laudate Dnum. 26, 15. — 4 v. 26, 187. — 6 v. 16, 196. — 8 v. 26, 184.
Laudate pueri 8 v. 18, IV. 25.

Misericordias 8 v. 26, 180.
Missa: Super caro. 6 v. 4, 2.
Nu bitten wir d. hlg. G. 2 v. 27, 48.
Nunc dimittis 5 v. 17, 59.
O Dom. J. Chr adoro 6 v. 26, 181.
Omnes gentes 4 v. 26, 122. — 8 v. 24, 4.
Si bona suscep. 6 v. 24, 17. — 8 v. 16, 69.
Tibi laus 4 v. 26, 189. — 8 v. 19, 36.
Unter denen von Weib. 4 v. 25, 87.
Veni Dne. et noli 5 v. 26, 170.
Venite exultemus 4 v. 26, '33.
Verbum caro 6 v. 15, 229. — 18, III. 40. — 23, 34.
Wir glauben all 4 v. 20, 83.
Haupt, Gottfried.
In nomine Jesu 5 v. 20, 44.
Ist Gott für uns 5 v. 15, 163.
Haufsmann, Valentin.
Haurietis aquas 8 v. 26, 203.
Hermann, Nicolaus.
Die Weisen zu Herod. 2 v. 33, 15.
Heut singt d. liebe Chr. 2 v. 33, 16.
Hollander, Christian.
Casta novenarum 4 v. 26, 154.
Respice propitius 4 v. 26, 147.
Holtzner, Anton.
Kyrie eleison 5 v. 20, 51. — 6 v. 20, 55.
Hominis (Homo), Sebastian.
Quid faciam quia 5 v. 17, 72.
Horologius, siehe **Orologio.**
Jacobus, Hieronymus.
Caro mea vere est 5 v. 16, 157.
Parvulus hodie natus 8 v. 16, 44.
Salve victima in ara 7 v. 16, 170.
Josephus, Georg.
Alleluja, Antiph. 4 v. 17, 2.
Resurrexi et adhuc 4 v. 17, 71.
Kerle, Jacob de.
Te aeternum 5 v. 20, 76.
Kneffel (Knoefel), Johann.
Erstanden ist der hlg. G. 5 v. 25, 53. — 6 v. 20, 25.
Sic Deus dilexit 5 v. 22, 83.
Surrexit Christ. 5 v. 18, II. 68.
Kowa, Franciscus.
Fuga Prima 5 v. 31, 128.
Lange (Langius), Gregor.
Allerdings schön bist du 5 v. 25, 95.
Da Jesus an dem Kr. 5 v. 24, 67.
Ein Megdlein an d. L. 4 v. 31, 55.
Et respondens 5 v. 18, IV. 15. — 20, 24.
Ich will des Herrn Zorn 5 v. 18, III 21.
Nisi Dnus. aedific. 5 v. 26, 146. [151.
Tota pulchra 5 v 20, 75. — 23, 33. — 31,
Veni sancte sp. 5 v. 22, 96.
Lassus, Orlandus de. [— 27, 38.
Angelus ad pastor. 5 v. 16, 27. — 23, 29.
Ave Maria 6 v. 7, 11.

Benedicam Dnum. 5 v. 31, 78. 150.
Confitebor tibi 26, 143.
Confitemini Dno. 5 v. 31, 76. 152.
Credidi propter 5 v 18, IV. 5.
Deus in adjutorium 6 v. 18, IV. 7.
Dixit Joseph 6 v. 19, 16. — 24, 35.
Deus misereatur 4 v. 26, 148. — 8 v. 18, IV. 8. — 19, 11.
Dne. Dnus. noster 6 v. 18 IV. 9. — 27,
Ein guter wein 32, 20. [51.
Ein Megdlein zu d. Br. 5 v. 31, 72.
Ein Stern vom Him. 5 v. 25, 25.
Exultate justi 6 v. 18, IV. 12.
Geh deinen weg 5 v. 34, 9.
Im himel dort ob. 5 v. 32, 8. [146.
In convertendo 3 v. 26, 142. — 8 v. 31,
In principio erat 6 v. 31, 145.
Inter natos 5 v. 27, 4.
Levavi oculos 4 v. 26, 149 [— 27, 67.
Magnif. 5. toni 5 v. 17, 55. — 25, 18. 90.
Magnif. à 6 super Nasce 18, III. 28.
Missa: Dixit Jos. 6 v. 32, 28.
Missa: Super Sydus, 5 v. 4, 6.
Nunc dimittis 4 v. 18, IV. 28.
Nuptiae factae 6 v. 18, IV. 26.
O decus celsi 6 v. 18, IV. 30.
Omnia quae fecisti 5 v. 31, 75. 149.
Quem vidistis past. 5 v. 12, 10.
Sidus ex claro 5 v. 16, 28. — 27, 62.
Tibi laus 4 v. 17, 76. — 5 v. 22, 89.
Tristis est anima mea 5 v. 19, 13.
Veni in hortum 5 v. 27, 17. — 31, 74.
Wie lang o Gott 5 v. 32, 10.
Lefebure, Jean.
Te Deum 4 v. 26, 267.'
Leoni, Leo.
Adjuro vos 4 v. 26, 227.
Angelus Dni descendit 8 v. 16, 119.
Anima mea 3 v. 26, 230.
Audivi vocem 3 v 26, 241.
Congratulamini 4 v. 26, 229.
Dne quis habitavit 8 v. 26, 238.
Ego dormio 2 v. 26, 235.
Nigra sum 2 v. 26, 233. [8 v. 16, 92.
O Dom. J. Chr. adoro 2 v. 26, 231. —
O quam dulcia fauc. 8 v. 16, 54.
O sacrum et admir. 2 v. 26, 236. — 8 v. 16, 183.
Osculetur me 3 v. 26, 234.
Peccavi super 4 v. 26, 237. — 8 v. 16, 70.
Petre amas 2 v. 26, 232.
Quam dulcia favib. 2 v. 26, 228.
Qui Cananeam 2 v. 26, 243.
Saulus cum iter 2 v. 26, 240. [155.
Sic Deus dilexit 5 v. 26, 244. — 8 v, 16,
Tribularer si nesc. 4 v. 26, 242. — 8 v.
Veni sponsa Chr. 2 v. 26, 239. [16, 71.
Vide Dne afflictio. 2 v. 26, 245.

Leuschner, Georg.
Ach edles bild bis nit 4 v. 24, 88.
Libarini, Gulielmo, Bononiensis.
Hodie nobis coelorum 7 v. 16, 11.
Löwenstern, Matth. von Apellis.
Herr hebe an zu segnen 4 v 20, 39.
Lüders, Burchard.
Surge propera 5 v. 24, 20.
Luyton, Carolus.
Dne. J. Chr. respicere 6 v. 16, 65.
Fulgete coeli 5 v. 18, II. 31. — 20. 30. —
Gloria laus et honor 6 v. 16, 85. [23, 31.
Lyra, Simon.
Komm hlg. Geist 5 v. 25, 66 [27, 70.
Veni creator 5 v. 21, 22. — 23, 17. —
M. L. II., siehe **Moritz.**
Marenzio, Luca.
Ahi tocmi il ben 5 v. 31, 61.
Caddè giadi Tarqu. 5 v. 31, 63.
Che fa haggi 5 v. 31, 134.
Covran di puro 5 v. 31, 62.
Deus venerunt gentes 8 v. 16, 102.
Disdegno è gel. 5 v. 31, 59.
Ecco l'aurora 5 v. 31, 66.
Exurgat Deus 8 v. 16, 144.
Gabriel angelus 4 v. 17, 32.
Iniquos odio habui 8 v. 16, 76. — 26, 198.
Jubilate Deo 8 v. 26, 116.
Mentre il ciel 5 v. 31, 58.
Quando vostra 5 v. 31, 67.
Real natura 5 v. 31, 64.
Sapete amanti 5 v. 31, 70.
Scendi dal Parad. 5 v. 31, 60.
Senza cor senza 5 v. 31, 71.
Spirto a cui 5 v. 31, 65.
Vaghi angelletti 5 v. 31, 69.
Mareschal, Samuel.
Birg dein Antlitz 4 v. 15, 28.
Gen Himmel zu dem Vater 15, 98.
Massaino, Tiburtio.
Ave Maria 6 v 7, 41.
Conserva me Dne. 8 v. 16, 91.
Ego sum panis vitae 8 v. 16, 184.
Filiae Jerusalem 4 v. 26, 48.
Gabriel angelus locut. 8 v. 16, 62.
Intelligite et stulti 7 v. 16, 97.
Ite in universum 7 v. 16, 140.
Quae est ista 5 v. 26, 50.
Massenius, Petrus.
Arentes irrigate 28, 2.
Melland, Jakob.
Ade ich muss mich scheid. 4 v. 31, 148.
Emittebat Joseph 5 v. 31, 154.
Exultent et laet. 5 v. 31, 153.
In exitu Israel 5 v. 15, 152. — 17, 43.
— 18, III. 22. — 23, 11. [IV. 20.
Non auferetur sceptr. 6 v. 15, 190. — 18,
Thomas qui dicitur 5 v. 24, 53.

Meisner, Abraham.
Ich hört d. Engel 4 v. 24, 87.
Merulo, Claudio.
Ave Maria 6 v. 26, 204.
Confiteantur tibi 5 v. 26, 161.
Deus noster refug. 5 v. 26, 163.
Haec est dies 6 v. 26, 201.
In tribulatione 8 v. 26, 162.
Jubilate Deo 6 v. 24, 37.
Indicabo tibi homo 26, 158.
Laudate Dom in sanct. 6 v. 26, 159.
Mirabiles elationes 5 v. 26, 160.
Molinaro, Simone.
Cantate Dno. canticum 5 v. 16, 195.
Hodie Christus natus 5 v. 16, 8.
Insurrexerunt in me 5 v. 16, 86.
Magi videntes stellam 5 v. 16, 47.
O quam metuendus est 5 v. 16, 193.
Regna terrae cantate D. 5 v. 16, 136.
Vere languores nostras 5 v. 16, 88.
Moller, Johann.
Es wolt gut Jäger, Quotl. 4 v. 30.
Monte, Philippe de.
Ante oculos tuos D 6 v. 16, 64.
Ego sum panis 7 v. 16, 176.
Illumina oculos meos 6 v. 16, 82.
Regina coeli 5 v. 7, 51.
Stellam quam viderant 7 v. 16, 50.
Moritz, Landgraf von Hessen, meist nur mit M. L. H. gez.
Christ der du bist 4 v. 18, II. 13. — 20, 7.
Gläubige Seel schau 4 v. 15, 110.
Im Frieden dein o H. 4 v. 23, 41.
Jesaia dem Propheten 15, 148.
Nu kom der heyden 4 v. 18, 19.
O Licht heilig Dreifaltigk. 15, 206.
O Mensch bewein 4 v. 15, 209.
Wer in dem Schutz 15, 242.
Mortaro, Antonio.
Quantas ostendisti 6 v. 26, 109.
Mosto, Joan. Baptista.
Regina coeli 5 v. 7, 32.
Naldi, Romalo.
Dum turba plurima 8 v. 16, 55.
Nanino, Giov. Maria.
Morir o puovrino 5 v. 31, 73.
Neander, Alexis, aus Sachsen (Saxo.)
Adesto unus 8 v. 26, 108.
Cantate Dno. cant. 4 v. 26, 132.
Elisabeth Zachariae 8 v. 27, 9.
Salve regina 6 v. 7, 33.
Nucetus, Flaminius.
O suavitas et dulcedo 6 v. 16, 89.
Nucius und Nucis, Joan., Abbatis Gemielnic.
Ecce quam bonum 6 v. 18, IV. 14.
Missus est angel. 5 v. 27, 66.

Regina coeli 6 v. 7, 21.
Salve regina 6 v. 7, 20.
O. D. N.
Ich danke dir H. G. 4 v. 20, 45.
Orologio, Alessandro,
Miserere mei D. 5 v. 16, 63.
Videns Christum in patib. 5 v. 16, 87.
Osculati, Giulio.
Ego veritatem dico 5 v. 16, 128.
Hodie Simon P. 3 v. 26, 266.
O rex gloriae 7 v. 16, 141.
Quem vidistis pastores 8 v. 16, 45.
P. R. (?)
2 Missae 5 v. 27, 30. 32.
Pacelli, Asprilio.
Cantate Dno. cantic. 8 v. 16, 132.
Estote fortes 4 v 26, 225. [16, 189.
O vere digna hostia 5 v. 26, 223. — 8 v.
Veni sancte spirit. 4 v. 26, 222. — 8 v.
16, 149.
Palestrina (Praenestinus), **Gio. Plet.**
Ascendo ad patr. 5 v. 26, 279. [Alois.
Beate Mar. Magd. 5 v. 31, 169.
Beatus Laurentus 5 v. 26, 276.
Canite tuba 5 v. 26, 281.
Cantantibus organis 5 v. 31, 46.
Festiva i colli 5 v. 20, 29 (s. Vestiva).
Homo quidam 5 v. 26, 280.
Lapidabant Steph. 5 v. 26, 277.
Lauda Sion 8 v. 16, 191.
O Antoni eremita 5 v. 31, 7. [31, 155.
O Dne. Jesu Chr 6 v. 18, IV. 31. —
O magnum mist. 6 v. 26, 275.
Salve regina 5 v. 7, 17.
Vestiva i colli 5 v. 24, 60.
Palestrina, Angeli Petraloyslus.
Circuire possum 5 v. 31, 31.
Palestrina, Rudolfus Petraloyslus.
Confitebor tibi 5 v. 31, 34.
Palestrina, Sylla Petraloysius.
Dne. pater et Deus 5 v. 31, 33.
Palladio, Davide.
Vespera nunc 6 v. 18, IV. 41.
Pallavicini, Benedetto
Dum complerentur 8 v. 16, 152.
In te Dne. speravi 8 v. 16, 79.
Jubilate Deo 8 v. 16, 127. [31, 160.
O sacrum conviv. 8 v. 16, 188. — 6 v.
Tirsi morir 6 v. 31, 57.
Parma, Nicolo.
Exultavit cor meum 8 v. 16, 203.
Homo quidam 4 v. 31, 158.
Perrini, Annibale.
Cantate Dno. cantic. 7 v. 16, 131.
Laudate Dnum. 7 v. 16, 109.
Si qua rubent 2 v. 26, 140.
Pevernage, André.
Congratulamini 5 v. 31, 170.

Pfendner, Helnrich.
Puer qui natus 5 v. 19, 39. — 27, 6.
Quem vidistis past. 6 v. 15, 214 — 23, 26.
Phinot, Domenique.
Jam non dicam 4 v. 26, 151.
Sancta Trinitas 4 v 26, 194
Piccioni, Giovanni.
Elegi et sanctificavi 8 v. 16, 208.
O Jesu mi dulciss. 6 v. 16, 168.
Platner, August.
Kyrie eleison 8 v. 20, 53.
Praetorius, Hieronymus.
Beati omnes 8 v. 26, 113.
Dne. Dnus. noster 8 v. 26, 44. [111
Factum est silentium 8 v. 15, 92. — 26,
3 Kyrie 5 v. 21, 32. 33.
Laudate Dnum. 5 v. 26, 123
Missa sup. Factum 5 v. 27, 27.
Omnes gentes 8 v. 19, 30. [— 27, 5.
Puer qui natus 8 v. 19, 38. — 26, 177.
Surge propera 8 v. 26, 114
Te Deum patrem 8 v. 26 178.
Videns Dnus."flentes 6 v. 26, 179.
Praetorius, Isaac.
Qui fers Christum 6 v. 24, 48.
Praetorius, Jacob.
Veni in hortum 4 v. 27, 15.
Praetorius, Michael.
Erstanden ist der hlg. G. 4 v. 17, 22.
Festum nunc celebre 4 v. 17, 29.
Komme in meinen G. 8 v. 25, 89.
Magnif. sup. Angelus 5 v. 17, 54.
Non ex virili 4 v. 17, 78.
Und es war eine Stille 8 v. 25, 100.
Preschner, Paul. [22, 6.
Also hat gott die welt 5 v. 16, 165. —
Quagliati, Paolo.
Decantabat popul. 6 v. 26, 124.
Ramella, Giov. Franc.
Consolamini populi 8 v. 16, 123.
Refeld, Valentin.
Jetzt freut sich 2 v. 83, 14.
Regnart, Jakob [6 v. 7, 5.
Ave Maria 4 v. 7, 46. — 5 v 7, 38. —
Lamentabatur Jac. 5 v. 32, 13.
Regina coeli 4 v. 7, 39 [44. 52. 56.
Salve regina 4 v. 7, 45. — 5 v. 7, 87.
Wenn mein stündl. 5 v. 31, 147.
Reiner, Jakob.
Ave Maria 6 v. 7, 53.
Regina coeli 6 v. 7, 57.
Riccio, Giov. Battista.
Cantate Dno. 2 v 14, 4.
Exultate Deo 2 v. 14, 1.
Misericordias 2 v. 14, 2.
O bone Jesu 2 v. 14, 3.
Rubini, Nicolo.
Ego rogabo patr. 6 v. 16, 137.

Repleti sunt 7 v. 16, 148.
Virtute magna 6 v. 16, 112.
Sabino, Ippolito.
Poich' elavist' 6 v. 31, 143.
Salnddi, Andrea, Parmensis.
O quam suavis 5 v. 16, 159.
Savetta, Antonio.
Beati omnes 2 v. 26, 261.
Ecce sacerdos 2 v. 26, 260.
Exultate Deo 2 v. 26, 264. — 8 v. 16, 209.
Quam pulchra 2 v. 26, 262.
Tulerunt Dnum. meum 8 v. 16, 115.
Sayve, Erasmus de.
Bellicosorum 4 v. 6, 3.
Heu quam tristi 4 v. 6, 4.
Jesu dulcis 4 v. 6, 2.
Jesu rex 4 v. 6, 10.
O Maria 4 v. 6, 5.
O ut iniquo 4 v. 6, 6 u. 8.
Pro quae tenero 4 v. 6, 1.
Scandellus, Antonius.
Christus vere lang. 5 v. 22, 15
Schein, Joh. Hermann.
Allein Gott in der H. 5 v. 20, 1.
Christ lag in T. 5 v. 16, 130.
Da Jesus an dem Creutze 4 v. 16, 129.
Die Nacht ist kommen 4 v. 15, 62.
Durch Adams Fall 4 v. 20, 2.
Herzlich thut mich 4 v. 15, 128.
Hört auf mit trauren 15, 130.
Ich freue mich im Herren 5 v. 15, 159.
Kom hlg. Geist 4 v. 20, 50.
Nu begehn wir d. Fest 4 v. 25, 68.
Nu kom der heyden 4 v. 14, 31.
Spiritus sancti 4 v. 20, 70.
Veni creator 4 v. 20, 40.
Wir glauben all 4 v. 20, 82.
Schneidewin, Job, Juris C.
Das Leiden des H. J. Chr. 15, 50.
Schön, Salomon.
Dies ist der Tag 6 v. 20, 10.
Wie lieblich sind d W. 6 v 20, 87.
Schönfeld, Tobias. Kopist von Nr. 18.
Schramm, Melchior.
Ave Maria 6 v. 7, 48.
Schütz, Heinrich
Aus der Tiefe ruf ich 8 v. 15, 24.
Schwiger, Georg
Deus qui Susann. 4 v. 26, 202.
Seynne, Lampertus de.
Dort oben auf d. Berg. 5 v. 34, 1.
Siculus, Petrus.
Salve regina 5 v. 7, 1.
Signorucci, Pompeo.
Cantate Dno. omnis 2 v. 26, 256.
Dne. ad adjuvand. 2 v. 26, 246.
Et in terra pax 6 v. 26, 258.

Iste sanctus 2 v. 26, 255.
Laetatus sum 2 v. 26, 249.
Lauda Jerusalem 2 v. 26, 250.
Laudate pueri 2 v. 26, 248.
2 Magnif. 2 v. 26, 252/3.
Missa 8. toni 8 v. 26, 257.
Patrem omnipot. 6 v. 26, 259.
Surrexit pastor bon. 8 v. 16, 124.
Tota pulchra 2 v. 26, 254.
Soriano, Francesco.
Adorna thalamum 8 v. 16, 57.
Spontoni, Lodovico.
Emendemus in melius 8 v. 16, 73.
Respexit Elias 8 v. 16, 180/1.
Stabile, Annibale.
Ave Maria 5 v. 7, 54.
Corpora sanctor. 8 v. 26, 117.
Kyrie eleison 4 v. 26, 274. — 8 v. 18, IV. 22. — 24, 6.
Nunc dimittis servum 8 v. 16, 58.
Salve regina 5 v. 7, 55.
Steffanini, Giov. Battista.
Ardens est cor meum 8 v. 16, 114.
Beata es virgo M. 7 v. 16, 61.
Christus resurgens 5 v. 16, 106.
Gustate et videte 5 v. 16, 162.
O sacramentum 7 v. 16, 175.
Parvulus filius 6 v. 16, 2.
Stoltzer, Thomas.
Dominum vobiscum 15, 64.
Straus, Christoph.
O rex gloriae Dne. 10 v. 16, 160. 161.
Striggio, Alessandro.
Amor io fallo 6 v. 31, 115.
Che fai che pensi 6 v. 31, 93.
Lascia l'hai 6 v. 31, 110.
La ver l'aurora 6 v. 31, 94.
Nascea pena 6 v. 20, 62. — 24, 46.
O messaggi del cor 6 v. 31, 116.
Se ben di sette 6 v. 31, 113.
S'ogni mio ben 6 v. 31, 95.
Tapplus, Jacobus.
Das alte Jahr verg. 4 v. 16, 13.
Tonsor, Michael.
Dies est laetitiae 5 v. 16, 37.
Triller, Valentin.
Wir wollen singen heut 3 v. 15, 245.
Trombetti, Ascanio.
Jubilate Deo 8 v. 26, 176.
Paratum cor meum 5 v. 24, 19.
Uttendal, Alexander.
Beati quorum remissae 7 v. 16, 173.
Cantabo Dno. cant. 5 v. 26, 155.
Dne. ne in furore 4 v. 16, 171. 172.
Es was ein baurn 4 v. 32, 25.
Ich weiß ein büb. Fr. 5 v. 34, 7.
Inclina Dne. aurem 4 v. 26, 152.
Jubilate Deo 4 v. 26, 150.

Vaet, Jacob.
Domine Hyssopo 5 v. 7, 2.
Valcampi, Curtio.
Decantabat popul. 2 v. 26, 268. — 8 v.
Ego sum panis 6 v. 16, 167. [16, 207.
Hodie completi s. 6 v. 16, 147.
Non turbetur cor 6 v. 16, 138.
O quam suavis 6 v. 16, 166.
Petite et accipietis 6 v. 16, 133.
Senex puerum portab. 8 v. 16, 56.
Tribus miraculis 5 v. 16, 49.
Vannino, Bernardino.
Dum complerentur 5 v. 16, 145.
Fili quid fecisti 5 v. 16, 48.
Varotti, Michele.
Magnif. 7. toni 5 v. 17, 56.
Spiritus meus 6 v. 16, 174
Vecchi, Orazio.
Cantemus laetis vult. 8 v. 16, 121.
Che commanda 5 v. 24, 61.
E vivere morire 6 v. 31, 56.
Gloria in excelsis 6 v. 16, 6.
Misericordias Dni. 4 v. 22, 55.
O dulcis Jesu 4 v. 31, 159. — 8 v. 16, 185.
Quem quaeris Magdal. 6 v. 16, 109.
Vento, Ivo de.
Grofs leid ich klag 5 v. 32, 24.
Ich st. an einem Morg. 5 v 24, 64.
Venturi, Stefano.
Laudate Dnum. 5 v. 26, 173.
Tibi laus 8 v. 26, 109.
Vesalius, siehe Wessalius.
Viadana, Lodovico.
Hodie nobis coelor. 16, 41.
Victoria, Th. Lud a.
Ascendit Christus 5 v. 32, 16.
Ave Maria 6 v. 7, 16.
Cum beatus Ignat. 5 v. 32, 18.
Quem vidistis 6 v. 32, 3.
Regina coeli 5 v. 7, 19.
Salve regina 5 v. 7, 18.
Surrexit pastor bonus 6 v. 32, 2.
Vadam et circumibo 6 v. 32, 5.
Vidi speciosam 6 v. 32, 6.
Villani, Gasparo.
O sacrum convivium 5 v. 16, 156.
Vincentius, Caspar.
Adesto dolori 8 v. 16, 210
Alloluja Agnus 5 v. 16, 105.
Claritas Domini circum 8 v. 16, 42.
Dne. Deus meus 6 v. 16, 68.
Et tu puer proph. 8 v. 27, 2.
Pange lingua 6 v. 16, 164.
Salve sacra dies 8 v. 16, 120.
Super salutem 8 v. 16, 104.
Tua est potentia 8 v. 16, 103.
Vulpius, Melchior.
Ascendo ad patrem 4 v. 17, 4.

Da nun Jesus 5 v. 26, 295.
Das Volk aber 4 v. 26, 298.
Da traten die Jünger zu J. 4 v. 15, 67.
— 23, 40.
Dis sind die hlg. 10 Geb. 4 v. 15, 70.
Du solst lieben G. 4 v. 26, 294.
Ecce ascendimus 5 v. 17, 20.
Exiens homo 6 v. 15, 75.
Exultate Deo 5 v. 26, 37.
Factum est proel. 6 v. 27, 28.
Herr kom hinab 6 v 26, 296.
Ibat Jesus 5 v. 26, 43.
Ich bin eine Stimme 4 v. 20, 47.
Ich sage euch 4 v. 26, 284.
Laudate Dnum. 5 v. 17, 47. 50.
Pater noster 5 v. 17, 64. — 24, 18.
Rorate coeli desuper 4 v. 22, 78.
Sey wilferlich 4 v. 26 297.
Siehe ein Weib das 12 Jahr 8 v. 15, 225.
Siehe ich sende m. Engel 4 v. 20, 71.
Super flumina 8 v. 26, 283.
Trachtet am ersten 4 v. 26, 287.
Und als er nahe 4 v. 26, 282.
Und der Herr lobete 4 v. 26, 278.
Und er verbot 6 v. 26, 285.
Und er wandte sich 4 v. 26, 286.
Warlich ich sage euch 4 v. 20, 88.
Wer sich selbst erh. 6 v. 26, 291.
Wol dem der ein t. W. 4 v. 26, 292.
Walliser, Chr. Thomas
An Wasserflüssen Bab. 5 v. 15, 13. — 27, 24.
Cum natus esset 8 v. 16, 43.
Domine Jesu Chr. 8 v. 16, 53.
Gaudent in coelis 8 v. 15, 106.
Ich ruf zu dir 5 v. 15, 141.
Io sodales coetus 5 v. 24, 31.
Laetus age 5 v. 24, 30.
Morti tuae tam amarae 6 v. 16, 90.
Nunc singuli 5 v. 24, 29.
Welfsensee, Friedrich.
Das neugeb. kind. 5 v. 15, 69. — 8 v. 25, 21.
Domin. 18 p. Trinit. 8 v. 31, 167.
Wert, Jacob (Jaches).
Egressus Jesus 7 v. 15, 87. — 24, 80.
Omnis homo 5 v. 32, 12.
Speremus meliora 5 v. 32, 11.
Transeunte Dno 5 v. 15, 226. — 32, 14.
Wessalius, Johannes.
Ich hört die Engel singen 5 v. 16, 36.
Widmann, Erasmus.
Jubilate Deo 4 v. 17, 41.
Laudate Dnum. 4 v. 17, 48.
Zangius, Nicolaus.
Angelus ad pastores 6 v. 16, 10.
Apprehendens Rag. 5 v. 26, 47.
Dilectus meus mihi 10 v. 24, 12.

Ecce quam bon. 5 v. 26, 141.
Ei du kluge Henne 5 v. 24, 66.
Laudate Dnum. 20 v. 24, 13.
Surrexit Chr. spes 8 v. 16, 118.
Veni sancte sp. 8 v. 16, 153.
Zanotti (Zannotti), **Camillo**.
In tribulatione 6 v. 26, 136. — 8 v. 19, 41. — 27, 10.
Zindelin, Philipp.
Estote fortes 4 v. 17, 24.   [20], 31.
Facta est cum angelo 4 v. 17, 27. —
O rex gloriae 4 v. 17, 62.

Veni creator sp. 4 v. 17, 84.
Veni sancte sp. 4 v 17, 81.
Zuchini, Gregorio
Audite me 4 v. 26, 90.
Benedicamus patr. 4 v. 26, 97.
Canite tuba 2 v. 26, 100
Christus natus 2 v. 26, 103.
Ecce tu pulchra 4 v. 26. 87.
Exultate Deo 4 v. 26, 94.
Exultate justi 4 v. 26, 92
O sacrum conviv. 2 v. 26, 102.
Usquequo Dne 2 v. 26, 95.